大矢野栄次 [著]

テキスト
国際経済学

INTERNATIONAL ECONOMICS

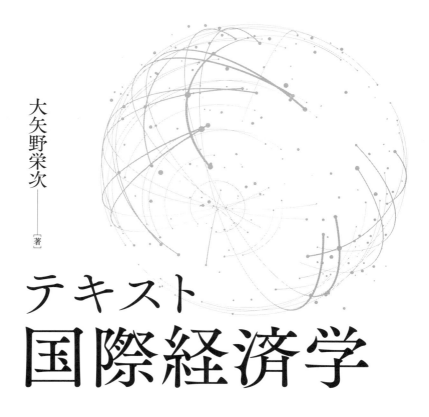

同文舘出版

はしがき

　本書は，国際経済学の入門書です。

　現代経済学は経済理論の基礎として，「ミクロ経済学（微視的経済学）」と「マクロ経済学（巨視的経済学）」の2つの分野があります。国際経済学は経済理論の応用経済学の分野として，「ミクロ経済学」の応用版としての「国際貿易理論」と「マクロ経済学」の応用経済学としての「国際収支論・国際金融論」の2つの分野があります。

　国際貿易理論はかつての「金融ビッグバン」のときの目標と同様に，「フリー」（自由）・「フェアー」（平等）・「グローバル」（地球規模）という3つのキーワードのもとで，世界経済において市場原理を活用することによって各国の経済活動は活性化し，やがて完全雇用が実現するという立場をとっています。この主張を支える経済理論の背景にあるのが新古典派経済学的な「市場原理の有効性」です。

　市場原理が説明する市場均衡とは，消費者余剰と生産者余剰の総和である社会的余剰を最大化する点です。現代経済学はこの市場均衡点に向かって実際の世界経済は，ワルラス経済学的な価格調整機構とマーシャル経済学的な数量調整機構を通じて自動的に収斂すると説明するのです。

　すなわち，資本主義経済システムは「絶対多数の絶対幸福」を「自動的に達成する」メカニズムを内包すると説明するのです。そして，国際貿易理論においては，自由貿易の実現によって，そのような理想的な市場均衡に世界各国の経済が到達すると説明するのです。

　もし，世界市場原理の有効性を阻害する要因が存在するならば，それらの阻害要因を種々の経済政策手段によって除去することによって，世界経済は市場均衡に自動的に到達することが可能であると説明するのです。その政策手段を議論して決定する国際条約と国際機関がGATTでありWTOなのです。自由貿易を阻害する制度や

経済的取引は許されません。これが自由貿易の実現の努力です。

「国際収支論・国際金融論」の分野においては，この「国際的な市場原理」にもかかわらず，一定期間において貿易総額は，一時的な不均衡状態が発生します。これを貿易収支の不均衡といいます。このとき一定の額の負債あるいは債権が発生するのです。一定期間における負債総額を貿易収支の赤字額，債権総額を貿易収支の黒字額といいます。この貿易収支問題を解決するためには，国際決済システムを考察しなければなりません。

貿易収支の不均衡状態を一時的に解消するためには，貿易収支赤字国は相手国の通貨あるいは国際基軸通貨（米ドル）による支払いが必要になります。反対に，貿易収支黒字国にとっては相手国の通貨か国際基軸通貨（米ドル）の受け取りによる保有増加が必要になります。このとき，黒字国の外貨保有が貿易相手国における資産の増加として資本形成されるときに資本収支は増減して，国際金融問題が登場するのです。

国際収支の不均衡状態においては，国際的な貿易システムが市場原理によって自動的に達成されるとした「絶対多数の絶対幸福」の状態では決してないのです。各国政府の消極的・受動的な国際貿易への関わりあいの場合や各国が輸出の促進による貿易収支の黒字化を図る場合は，世界経済が実際に「達成しうる均衡」から次第に乖離することになります。実際の世界経済において各国政府が「自由貿易」と「貿易収支の均衡」状態に積極的に関わるための国際経済システムを議論する国際条約と国際機関がIMFです。

本書においては，以上の国際経済学の議論を国際貿易理論と国際収支論としてまとめています。

平成29年9月1日

著　者

目　次

はしがき …………… i

第 I 部　国際貿易理論

第 1 章　リカードの比較生産費説 ――――――― 3

1. リカードの比較生産費説 …………… 3
   - 1.1 リカードの数値例　3
   - 1.2 貿易利益は間接的な生産方法　9
   - 1.3 比較生産費説の一般的な説明　10
2. 貿易相手国内市場における等価交換 …………… 10
3. リカードの比較生産費説の定式化 …………… 12
4. 比較生産費説と労働価値説 …………… 13
   （コラム1　バナナとリカードの比較生産費説）　15

第 2 章　純粋交換による国際貿易：嗜好の相違と交易条件 ――――――― 17

1. 貿易以前の均衡状態 …………… 17
2. 価格消費曲線による国際貿易の説明 …………… 19
   - 2.1 第1国の価格消費曲線　19
   - 2.2 第2国の価格消費曲線　20
3. オッファー・カーブによる説明 …………… 21
   - 3.1 オッファー・カーブによる説明　21
   - 3.2 価格の調整メカニズムと安定条件　23
   （コラム2　物々交換とニューメレールのタバコ）　26

第3章 ヘクシャー＝オリーンの理論 ―― 27

1. 開放体系モデル ……… 29
　1.1 基本モデル　29
　1.2 自給自足経済の場合　30
　1.3 開放体系の場合　31
2. ヘクシャー＝オリーンの定理 ……… 31
　2.1 開放経済と小国の仮定　31
　2.2 ヘクシャー＝オリーンの定理　32
　2.3 ヘクシャー＝オリーンの理論の図解　33
3. オッファー・カーブの導出 ……… 39
　〔コラム3　素朴な貿易理論〕　43

第Ⅱ部　国際収支の理論

第4章 市場と交易条件 ―― 47

1. 市場均衡の意味 ……… 47
　1.1 一物一価の法則　47
　1.2 裁定取引　49
2. 交易条件 ……… 49
　2.1 交易条件　50
　2.2 交易条件の改善・有利化　51
　2.3 交易条件の悪化・不利化　51
3. 輸送費と貿易財・非貿易財 ……… 52
　3.1 輸送費用と貿易財　52
　3.2 為替相場の変化と貿易財と非貿易財の領域の変化　56
　〔コラム4　交易条件は，有利化と不利化のどちらが望ましいか？〕　60

第5章 絶対優位の理論 ———————————— 61

   1. 絶対優位 ……… 61
      1.1 輸送費用の扱いについての注意　62
      1.2 貿易財の定義　62
   2. 輸入財市場 ……… 63
      2.1 輸入量と輸入額の決定　63
      2.2 輸入による貿易利益　65
      2.3 為替相場の変化と輸入財市場への影響　65
      2.4 輸入関税と輸入数量規制・輸入割当　68
   3. 輸出財市場 ……… 71
      3.1 輸出財の定義，輸出量・輸出額の決定　72
      3.2 輸出による貿易利益　73
      3.3 為替相場の変化と輸出財市場への影響　74
      3.4 輸出補助金政策　76
      3.5 幼稚産業保護政策　77
      （コラム5　短期国債の発行）　82

第6章 外国為替市場の要因 ———————————— 83

   1. 外国為替相場の決定 ……… 84
   2. 固定相場制度 ……… 85
      2.1 平価の維持の義務——不胎化政策　86
      2.2 外国為替市場が超過需要の場合　86
      2.3 日本経済の経験　87
   3. 変動相場制度 ……… 88
      3.1 円安／ドル高　89
      3.2 円高／ドル安　90
      （コラム6　米価変動を抑えたシステム大坂堂島の先物取引市場）　91

第Ⅲ部　国際収支とマクロ経済均衡

第7章　貿易収支を考慮した国民所得の決定 ── 95

1. 国民所得決定式 …… 95
- **1.1** 消費関数　96
- **1.2** 貿易収支の決定　97
- **1.3** 投資と政府支出　98

2. 乗　数 …… 98
- **2.1** 財政乗数　98
- **2.2** 租税乗数　102
- **2.3** 定額税乗数　103
- **2.4** 貿易乗数　104

〔コラム7　「失業の輸出」の話〕　108

第8章　開放体系下の IS-LM モデル ── 109

1. オープン・マクロ・モデル …… 109
- **1.1** 国内生産物市場の均衡条件としての IS 曲線　109
- **1.2** 開放体系下の IS 曲線　111
- **1.3** 貿易収支（経常収支；$TB = 0$ 線）　111
- **1.4** 資本収支（長期資本収支；$K = 0$ 線）　114
- **1.5** 国際収支──変動相場制度　114

2. 固定相場制度の場合 …… 116
- **2.1** 貨幣市場の均衡条件と不胎化政策　116
- **2.2** 固定相場制度の場合のマクロ・モデル　117
- **2.3** 財政政策の効果　118
- **2.4** 金融政策の効果　119

3. 変動相場制度の場合 …… 119
- **3.1** 財政政策の効果　120
- **3.2** 金融政策の効果　121

〔コラム8　ケインズの有効需要の大きさは，国民を養う能力〕　123

第9章　マンデル＝フレミング・モデルと財政金融政策の有効性 ── 125

1. 固定相場制度における財政・金融政策の効果 …………… 126
　1.1 財政政策の有効性　126
　1.2 金融政策の無効性　127
2. 変動相場制度における財政・金融政策の効果 …………… 128
　2.1 財政政策の無効性　128
　2.2 金融政策の有効性　129
3. マンデル＝フレミング・モデルの要約 …………… 130
　〔コラム9　ケインジアン対マネタリスト〕　132

あとがき …………… 133
索　引 …………… 135

テキスト
国際経済学

第Ⅰ部
国際貿易理論

　国際貿易（International Trade）とは国境を越えた財・サービスの交易（trade）が行われる原因と交易される財・サービスの種類とその数量，交易額について考察する経済学です。

　国際貿易は，それぞれの国の自然に育まれた独特の風土・文化・社会とその国の歴史を背景として形成された制度や社会的習慣等を異にする経済間の取引です。

　アダム・スミス（Adam Smith;1723-1790）の「買うよりも作るほうが高くつくようなものを自分のところで作ろうとするのは賢明なことではない」（『諸国民の富』大内兵衛・松川七郎訳，岩波書店，1969年，p.681）という記述は，D. リカード（David Ricardo；1772-1823）の「比較生産費説」として考えると国際貿易理論（Theory of International Trade）の基礎として理解することができます。

　第1章においては，国際貿易および国際分業に関する基礎理論であるイギリスのD. リカード（Ricardo）の「比較生産費説」を説明します。一国における各商品の相対的な生産費を他国のそれと比較し，相対的により安く生産できる商品を輸出して，相対的に高くつく商品を輸入すれば，両国が貿易利

益を得て国際分業が行われるという説明です。

　第2章においては，財・資源の生産はなく，各国・経済の財の初期保有量が同一であるという仮定のもとで，各国の「効用最大化の原理」のもとで，各国の「嗜好の相違」から貿易が発生し，相互に交換されることから単純な交換の一般均衡モデルとして「純粋交換モデル」が説明されます。

　第3章においては，現代国際貿易論において一般均衡体系モデルとして展開される「ヘクシャー=オリーン・モデル」(Heckscher-Ohlin model) を説明します。本質的には，各国はその国に豊富な生産要素を用いて生産される財を輸出し，その国に希少な生産要素を用いて生産される財を輸入すると考えられます。

第1章 リカードの比較生産費説

　国際貿易理論は，D. リカード（David Ricardo；1772-1823）の「比較生産費説の理論（Theory of Comparative Advantage）」として最初に説明されました。

　このリカードの理論においては，2国間の貿易は双方の国がそれぞれ比較優位を持つ財の生産に特化し，他の財の生産を貿易相手国にまかせることによって国際的な分業が進展し，国際貿易を通じてお互いに特化した財を相互に交換すれば，双方とも貿易を行わない場合よりもより豊かな経済を享受することができるという経済理論です。

1. リカードの比較生産費説

1.1 リカードの数値例

　リカードの『経済学及び課税の原理』（小泉信三訳，上・下，岩波書店，1970年）第7章の例にならって説明します。D. リカードは投下労働価値説に従って各財の生産のために投入される生産要素は労働が唯一の生産要素であると考えて説明しています。労働市場は完全競争的で産業間を自由に移動することが可能な経済であり，労働に対する報酬率は，産業間で同一であるという前提に従って分析を行います。

　リカードの「比較生産費説」においては，上で説明したような労

表1-1 ワインとラシャ生産のための必要労働量

	ワイン（葡萄酒）	ラシャ（羅紗；毛織物）
ポルトガル	80	90
イギリス	120	100

出所：D. リカード著，小泉信三訳『経済学及び課税の原理』岩波書店，1970年，第7章より

働価値説に基づいて貿易利益の発生が説明されています。ここで，それぞれの財の価値（価格）は投下された労働量によって決定されると考えます。

ポルトガルとイギリスの間においてワイン（葡萄酒）とラシャ（羅紗；毛織物）[1]の2つの種類の財が年々，生産・消費されているとします。それぞれの財を1単位作るのに必要な労働量はそれぞれの国において，表1-1のように技術的に決定されているとします。

表1-1は，ポルトガルにおいてはワイン1単位の生産には80労働単位が必要であり，ラシャ1単位の生産のためには90労働単位が必要です。イギリスにおいてはワイン1単位の生産のためには120労働単位が必要であり，ラシャ1単位の生産のためには100労働単位が必要です。

表1-1は，両国間のそれぞれの産業の生産技術（必要労働量＝労働生産性の逆数）の差異を表しているものです。ここで，両国で生産されるそれぞれの財の1単位当たりの質と量は同等であり，それぞれの財の生産のために必要な労働単位は生産量に関係なく一定であるとします（労働の限界生産性＝労働の平均生産性）。また，交易のための輸送費用はゼロであり，輸送によってその財の質と量が変化することはないと仮定します。

---

[1] ラシャとは，羊毛で地が厚く密な毛織物です。羊毛やその他の獣毛を原料とする織物業が，重要な産業として歴史上に認められるのは中世のことです。北イタリアのフィレンツェで羊毛をイギリスから輸入して織物とし，これをヴェネツィア商人たちが売りさばき，13世紀末には最盛を誇りました。15世紀頃からは，イギリスの毛織物工業が圧倒的優勢をもって市場を圧しました。イギリスは毛織物工業を中心として，産業革命を達成し，羊毛輸出から毛織物輸出へと転じました。

1）イギリスはポルトガルよりも先進工業国

　ここで，表1-1の数値例は，イギリスよりもポルトガルのほうが2つの財とも必要労働量が少なく，それ故に労働生産性が高いことを説明しているように考えられます。しかし，リカードの時代において，イギリスはポルトガルよりも先進工業国であり，少なくともラシャに関してはイギリスのほうが必要労働量は少なく，それ故に労働生産性は高いはずです。この矛盾はどこから来たのかということが問題となります。

　この問題は，投下労働量の中に資本量が過去の投下労働量として計算されていることが原因なのです。すなわち，資本設備の中に含まれる体化された労働（死せる労働[2]）を現在の労働量（生ける労働）といっしょに投下労働量として計算しているために，イギリスはポルトガルよりも2つの財とも必要労働量が多く，それ故に労働生産性が低く見えるのです。しかし，これはイギリスのほうがポルトガルよりも機械化の進展の程度が進んでおり，資本量が多いという意味で，先進国であることを反映していると考えることができるのです。

2）リカードの「比較生産費説」

　それぞれの国において財の生産のための必要労働投入量によって財の価格が決定されます。このことからこの経済における交換比率（相対価格）が異なることが説明されます。

　この節では，比較優位の説明に従ってそれぞれの国において貿易（2国間の財の交易）を行うならば貿易利益が発生することを説明します[3]。

---

[2] 資本は生きた労働を搾取することによってのみ存在するため，マルクスは資本を死せる労働と呼びました。

[3] 以下の説明において，貿易にかかわる輸送費用等の存在は無視しています。

3）ポルトガルの貿易と貿易利益

　ポルトガルにおいて 80 単位の労働価値のワインを 1 単位購入して，イギリスの市場で販売すれば，ワインは 1 単位 120 単位の労働価値です。このワインを，イギリスの交換比率で，ラシャ（イギリスではラシャ 1 単位当たり 100 単位の労働価値）と等価交換すれば，$1.2\left(=\dfrac{120}{100}\right)$ 単位のラシャを獲得することができます。この $1.2\left(=\dfrac{120}{100}\right)$ 単位のラシャをポルトガルに持ち帰って販売すると，ラシャの価値は 1 単位当たり 90 単位の労働価値ですから，$90 \times 1.2 = 108$ 単位の価値となります。

　ポルトガルにおいて，元のワインの価値が 80 ですから，ポルトガルは $28(=108-80)$ 単位の労働価値の貿易利益 Π_P を獲得することができます。すなわち，貿易利益は次の（1.1）式のように計算することができます。

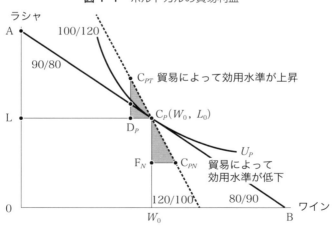

図 1-1　ポルトガルの貿易利益

$$\Pi_P = \frac{120}{100} \times 90 - 80 = 108 - 80 = 28 \qquad (1.1)$$

このときの貿易利益率は35％であることが，元手であるワインの価値80で計算すると，次の（1.2）ように計算できます。

$$\pi_P = \frac{120}{100} \times \frac{90}{80} - 1 = \frac{28}{80} = 0.35 = 35\% \qquad (1.2)$$

この関係を図1-1で説明します。図1-1のU_Pはポルトガルの貿易をしない状態の無差別曲線を表しています。いま，貿易以前の効用極大点が点$C_P(W_0, L_0)$であるとすると無差別曲線はこの点C_Pで接しています。

イギリスの交易条件で貿易が行われるとき，ポルトガルは，ワインをC_PD_Pの幅，輸出して（左に移動），その代金でラシャをD_PC_{PT}の幅輸入すること（上に移動）によって，効用水準を以前の状態よりも高くすること（例えば，点C_{PT}）ができるのです[4]。

逆に，ポルトガルがラシャをイギリスにC_PF_Nの幅，輸出して（下に移動），ワインをF_NC_{PN}の幅，輸入する（右に移動）場合は，効用水準が無差別曲線U_P線より下の位置になるため，貿易利益はマイナスになり，効用水準が低下することがわかります。

このことから，ポルトガルはイギリスに対してワインに比較優位があることが説明されます。

4）イギリスの貿易と貿易利益

同様の議論によって，イギリスからポルトガルにラシャを輸出し，ワインを輸入する場合の貿易利益についても説明することができます。

イギリスにおいて100単位の労働価値のラシャ1単位は，ポルトガルでは90単位の労働価値です。このラシャを，ポルトガルの市

---

[4] 貿易規模が大きくなりすぎるとC_{pt}がU_pよりも下の領域になるために貿易利益がマイナスになる場合があることに注意しなければなりません。

場においてワイン（1単位当たり80単位の労働価値）と交換すれば，$\frac{90}{80}$ 単位のワインを獲得することができます。この $\frac{90}{80}$ 単位のワインはイギリスでは120単位の労働価値ですから，$120 \times \frac{90}{80} = 135$ 単位の労働価値となっています。

元のラシャの価値が100単位の労働価値ですから，$35(=135-100)$ 単位の労働価値の貿易利益 Π_E を獲得することができるのです。この関係は（1.3）式によって説明されます。

$$\Pi_E = 120 \times \frac{90}{80} - 100 = 135 - 100 = 35 \qquad (1.3)$$

このとき，貿易利益率 π_E は，次の（1.4）式のように説明することができます。

$$\frac{120}{100} \times \frac{90}{80} - 1 = \frac{28}{80} = 0.35 = 35\% \qquad (1.4)$$

この関係は**図1-2**で説明することができます。**図1-2**の U_E はイギリスの貿易をしないときの無差別曲線です。当初の市場均衡点が点 $C_E(W_0, L_0)$ であるとすると無差別曲線はこの点 C_E に接しています。ポルトガルの交易条件で貿易が可能であれば，イギリスの人は，ラシャを $C_E D_E$ の幅，輸出して（下に移動），その代金でワインを $D_E C_{ET}$ の幅，輸入すること（右に移動）によって，効用水準を高くすること（例えば，点 C_{ET}）ができます[5]。

逆に，イギリスがポルトガルにワインを $C_E F_N$ の幅，輸出して（左に移動），ラシャを $F_N C_{EN}$ の幅，輸入する（上に移動）場合には無差別曲線 U_E よりも下の位置になるため，効用水準が低下することがわかります。

このように，それぞれの国においてワインとラシャの交換比率が

---

[5] ポルトガルと同様に，貿易規模が大きくなりすぎると貿易以前の無差別曲線の状態 U_E よりも下の領域になるために貿易利益がマイナスになる場合があることに注意しなければなりません。

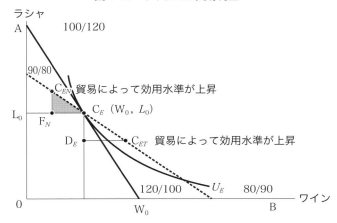

図 1-2　イギリスの貿易利益

異なることから，貿易を行うことによって貿易利益が発生することが説明されるのです。この財の交換比率が国によって異なる原因は，財の生産費用の比率において格差があることが原因です。これが「比較生産費説」という名の由来です。

1.2　貿易利益は間接的な生産方法

　リカードの「比較生産費説」は，貿易を「間接的な生産方法として考えること」[6]と説明することができます。すなわち，それぞれの財の生産費について国内資源の使用における機会費用[7]として説明する方法です。

　ポルトガルは，ラシャを生産するよりはワインを生産してラシャと交換することによって，国内の労働資源を節約して「貿易利益が発生すること」ができるという説明です。

　同様に，イギリスはラシャを生産し，ポルトガルのワインと交換することによって，国内において直接ワインを生産するよりも労働

---

[6]　P.R. クルグマン・M. オブズフェルド共著，石井菜穂子ほか訳『国際経済：理論と政策1（国際貿易）』新世社，1990年。

[7]　ある経済的行動を選択することによって，失われる他の選択肢を選んだ場合に得られる利益の最大値をいいます。

資源を節約して「貿易利益が発生すること」が説明されるのです。

1.3 比較生産費説の一般的な説明

リカードの「比較生産費説」においては，貿易利益が発生する原因は，国際間において財の交換比率（交易条件＝相対価格）が異なることです。国際間において財の交換比率が異なる原因は，それぞれの財の国内生産における生産費について相対的な格差が存在することが原因です。この生産費用の格差の発生原因は，労働生産性（必要労働量）の格差であると考えるのがリカードの「比較生産費説」です。

2. 貿易相手国内市場における等価交換

P_i, P_j は自国の i 財価格と j 財価格であり，P_i^* と P_j^* は貿易相手国の i 財価格と j 財価格であるとします。また，＊は外国の財であることを表しています。自国から輸出される i 財の量を X_i，その輸出代金で貿易相手国市場において等価交換を行うことによって輸入される j 財の量を X_j としますと，輸出量 X_i と輸入量 X_j とそれぞれの価格との間には，次の（1.5）式のような関係式が成立します。

$$P_i^* X_i = P_j^* X_j \quad \rightarrow \quad X_j = \frac{P_i^*}{P_j^*} X_i \quad (1.5)$$

このとき，貿易収支 B は輸出額マイナス輸入額ですから，貿易相手国市場での等価交換によって貿易収支が均衡していることが次の（1.6）式によって説明されるのです。

$$B = P_i^* X_i - P_j^* X_j = 0 \quad (1.6)$$

国内で購入した i 財を X_i 単位輸出して，外国の交易条件によって j 財と交換して輸入した X_j 単位の国内販売から得られる貿易利益 Π

が正であるための条件は，次の（1.7）式のように計算されます。

$$\Pi = P_j X_j - P_i X_i = P_j \frac{P_i^*}{P_j^*} X_i - P_i X_i$$

$$= \left(P_j \frac{P_i^*}{P_j^*} - P_i \right) X_i > 0 \qquad (1.7)$$

ここで，自国の貿易利益率を計算すると，次の（1.8）式のように求められます。

$$\pi = \frac{P_j X_j - P_i X_i}{P_i X_i} = \frac{P_j}{P_i} \frac{P_i^*}{P_j^*} - 1 > 0 \qquad (1.8)$$

すなわち，自国にとって，i 財を輸出して，その代金で j 財を輸入して利益があるための条件は，次の（1.9）式が成立することです。

$$\frac{P_j}{P_i} \frac{P_i^*}{P_j^*} - 1 > 0 \qquad \rightarrow \qquad \frac{P_i}{P_j} < \frac{P_i^*}{P_j^*} \qquad (1.9)$$

この（1.9）式は，自国にとって i 番目の産業が j 番目の産業に対して比較優位を持つ条件であり，貿易利益が発生する条件を表して

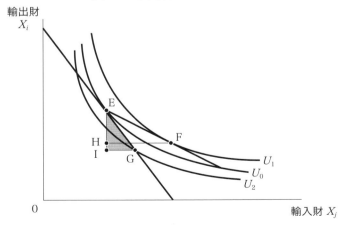

図 1-3　貿易利益と貿易収支の均衡

います。

図1-3において，貿易以前の効用水準がU_0であり，EF線上で貿易が行われるならば，貿易後の効用水準は貿易利益を反映してU_1のように上昇しているのです。

相対的に生産費用が安い国がその財を輸出することが説明されるのです。すなわち，貿易の原因は産業間の相対価格の差，すなわち，相対的な労働生産性格差，あるいは生産技術の格差にその原因があるのです。

効用水準が低下する貿易相手国経済

自国資本が積極的に貿易を行う場合には，Y財をEHの幅だけ輸出して，X財をHFの幅だけ輸入するので経済状態は効用水準U_0の点Eから効用水準U_1の点Fに上昇します。

しかし，相手国の資本で貿易が行われる場合には，交易条件は国内の相対価格で等価交換される場合ですから，Y財をEIの幅だけ輸出して，X財をIGの幅だけ輸入するので経済状態は貿易以前の効用水準U_0の点Eから効用水準U_2の点Gに低下します[8]。すなわち，貿易利益は自国の資本で行い，相手国の相対価格で行われるときに貿易利益が実現するのです。

3. リカードの比較生産費説の定式化

リカードの比較生産費説において，a_1を第1財1単位当たりの必要労働量，a_2を第2財1単位当たりの必要労働量とします。すなわち，$a_1 = \dfrac{L_1}{X_1}$，$a_2 = \dfrac{L_2}{X_2}$です。ここで，L_1とL_2はそれぞれの財の生産のために必要な労働量であり，X_1とX_2は生産量です。

---

8 江戸時代の長崎出島でのオランダとの貿易の場合です。日本側には，貿易利益が発生していません。

同様に貿易相手国の1単位当たりの必要労働量は，X財は，$a_1^* = \frac{L_1^*}{X_1^*}$，Y財は，$a_2^* = \frac{L_2^*}{X_2^*}$で表されます。貿易相手国については，＊の記号を付けて表します。

第1財を自国の輸出財（相手国の輸入財），第2財を自国の輸入財（相手国の輸出財）とすると，「リカードの比較生産費説」は，次の（1.10）式の関係として定義されます。

$$\frac{a_1}{a_2} < \frac{a_1^*}{a_2^*} \tag{1.10}$$

この（1.10）式は，自国が第1財に比較優位を持っていることを説明しています。

4. 比較生産費説と労働価値説

「リカードの比較生産費説」は，国際間の賃金率格差や利子率格差とは無関係であることが次のように説明されます。

いま，財の価格はそれぞれの財1単位を生産するために必要な必要労働量と賃金率w，利子率r，a_iをわが国のi財生産の必要労働量（$i=1, 2$），によって決定されると仮定すれば，次の（1.11）式のように定式化することができます。

$$P_i = (1+r)wa_i \quad (i=1, 2) \tag{1.11}$$

財の相対価格は，次の（1.12）式のように表されます。

$$\frac{P_i}{P_j} = \frac{(1+r)wa_i}{(1+r)wa_j} = \frac{a_i}{a_j} \tag{1.12}$$

同様に，w^*を貿易相手国の賃金率，利子率r^*，a_i^*を相手国のi財生産の必要労働量（$i=1, 2$）であるとする。次の（1.13）式のように定式化することができます。

$$P_i^* = (1+r^*)w^* a_i^* \quad (i=1, 2) \tag{1.13}$$

財の相対価格は，次の（1.14）式のように表されます。

$$\frac{P_i^*}{P_j^*} = \frac{(1+r^*)wa_i^*}{(1+r^*)wa_j^*} = \frac{a_i^*}{a_j^*} \tag{1.14}$$

以上の関係から，財の相対価格はその財の生産のための必要労働量比率として，すなわち，労働の生産性格差として表されるのです。ここで両国間の賃金率格差や利子率格差は，比較優位の決定要因としては無関係であることに注意しなければならないのです[9]。

わが国のi財生産がj財に対して比較優位を持つための条件は，わが国のi財の生産費用に対するj財の生産費用の比が，貿易相手国のi財の生産費用に対するj財の生産費用の比率よりも小さいことである。すなわち，わが国はi財に比較優位を持ちj財に比較劣位を持つための条件は，次の（1.15）式のように表されます。

$$\frac{(1+r)wa_i}{(1+r)wa_j} < \frac{(1+r^*)w^* a_i^*}{(1+r^*)w^* a_j^*} \tag{1.15}$$

両辺のそれぞれにおいて賃金率wとw^*は消去されるために，(1.15) 式は，次の（1.16）式のように書き替えることができます。

$$\frac{a_i}{a_j} < \frac{a_i^*}{a_j^*} \tag{1.16}$$

以上の説明からわが国にとってi番目の産業がj番目の産業に対して比較優位を持つ条件は，上の（1.16）式のように両国間の労働生産性格差によって説明されるのです[10]。

産業間の労働の生産性格差が国際間に存在することが貿易実現の原因であるということをリカードの「比較生産費説」は説明しているのです。ということは，両国間の賃金率格差$\frac{w^*}{w}$と利子率格差$\frac{r^*}{r}$は比較優位の決定要因ではないことが説明されるのです。

---

[9] リカードの比較生産費説においては，労働者の賃金率が安い国が，輸出に有利であるという説明は，成り立たないことに注意しなければならないのです。

[10] この式は2財間のモデルとして成立します。しかし，多数財のケースにおいて任意の2組の財（i財とj財）の間で，このような関係式が成立することは重要です。

〔コラム1　バナナとリカードの比較生産費説〕

　タイ王国のバンコク市内で，バナナを買うと1本1円くらいです。日本国内でバナナを買うと1本20円〜30円程度です。私が小学校の頃もバナナは1本20円程度であったと記憶しています。当時の日本のお父さんの月給は5万円程度[11]でしたから，バナナは高級な果物だったのです。当時のバナナは少し短く，太めの台湾バナナが主流でした。しかし，今日では台湾バナナは高価なバナナでフィリピンからの少し長めのバナナが主流です。

　これらのバナナに対してタイのバナナは短めの10cm程の小型のバナナです。バンコクから少し北側のアユタヤ工業団地周辺には日系企業がたくさん進出しています。この工場団地の周辺には日系企業で働くタイ人たちのアパート群が無数にあり，周囲には野菜や果物を売る店や雑貨屋さん，レストランなどの商店が林立しています。このようなタイ人相手の商店でバナナを買うと安く買うことができます。20〜30本が1房として約10バーツ（30円）くらいです。

　この日本とタイとのバナナの価格差を利用すると貿易利益を得ることができるのです。タイで1本1円のバナナを買って，日本で30円で販売すると1本当たり29円の利益になるのです。もちろん，輸送費がかかるので，大量に輸入しなければ，バナナ1本当たりの利益は確保できません。輸入のための手続きも必要です。販売先の市場の確保もしなければならないのです。ならば，10万円で，10万本輸入して，輸送費用や輸入手続きの費用を20万円払い，1本30円で日本国内に売ると300万円の売上額になります。輸入費用の30万円を引いても270万円の利益になるのです。

　もしかしたら，バンコクから門司（北九州市門司区）の港までの輸送の途中でバナナが傷んでしまっているかもしれません。これが輸入のリスクです。いま，20%のバナナが傷んでいたとします。早く食べないとバナナが腐ってしまいます。これが当時門司港で行われた「バナナの叩き売り」[12]です。20%のバナナ2万本を半額以下の10円で売ったと仮定しますと，貿易利益は230万円（＝8万本×30円＋2万本×10円－30万円）になります。

[11] 戦後昭和史（http://shouwashi.com/transition-salary.html）によりますと，昭和37（1962）年の日本人の平均月収（実収入）は50,817円です。

[12] 大正時代初期に（北九州市）門司港周辺で行われたのが「バナナの叩き売り」の元祖といわれています。バナナを東京・大阪に運ぶ過程で悪くなったバナナをいち早くさばくために行われた啖呵売の1つとして有名です。

あなたが，30万円分のバーツを用意することができて，日本国内でバナナを販売するルートを持っているとすればこのバナナ貿易は成立します。しかし，日本経済全体で考えるときは，円をバーツに替えるための方法が必要となります。そのためには，日本の製品をタイに輸出してタイ国内で販売してバーツを獲得しなければなりません。これが輸入のための輸出です。例えばあなたが日本国内で50万円のバイクを買ってタイ国内に持ち込み20万円で売ったとします。30万円の損失ですが，この20万円分のバーツでバナナを買って日本に輸出すれば，460万円の貿易利益を得ることができるのです。これが，D. リカードの「比較生産費説」なのです。

第2章 純粋交換による国際貿易：嗜好の相違と交易条件

　経済間に交易が行われるための条件は，交易条件の差異の存在が原因です。その原因は，供給条件と需要条件の相違によって発生するものであり，所与の相対価格のもとで，「互いに相対的に不足している財・サービスの不足を補うための交換」が国際貿易であると説明することができます。

　異なった経済間において資源賦存条件と生産技術条件が同一であり，所与で不変であると想定すると，経済間に交易が行われる原因は，それぞれの国の財についての嗜好の相違によって生ずる相対価格の差異が原因となります。このような生産・供給条件が同一で需要条件だけが異なっている場合の交易を「純粋交換の場合の交易」といいます。

1. 貿易以前の均衡状態

　世界には第1国と第2国の2つの国があり，当該期間の初期において，この2国間に存在する財の初期賦存量はX財とY財の2種類の財が等しい場合について考えます。

$$x_1^0 = x_2^0 \quad , \quad y_1^0 = y_2^0$$
$$x_0 = x_1^0 + x_2^0 \quad , \quad y_0 = y_1^0 + y_2^0$$

x_1^0とy_1^0は第1国のX財とY財の初期保有量，x_2^0とy_2^0は第2国のX財とY財の初期保有量とします。x_0とy_0は2国全体の存在量

です。

図2-1において，左側に第1国，右側に第2国の生産量と消費量を表すと考えます。それぞれ横軸にX財の初期供給量と初期消費計画量が等しく，$(x_1 = C_{X1}, x_2 = C_{X2})$，縦軸に$Y$財の初期供給量と初期消費計画量が等しい$(y_1 = C_{Y1}, y_2 = C_{Y1})$とします。

点E_1と点E_2はそれぞれの国内市場の自給自足均衡点を表しているとします。また，点E_1を通る曲線U_1は第1国の社会的無差別曲線を，点E_2を通るU_2は第2国の社会的無差別曲線を表しているとします。それぞれの財の国内需要量と供給量が等しくなるように相対価格は決定されていますから，直線MNの傾きは第1国が貿易を行わない自給自足の場合の国内市場の均衡相対価格を表しており，直線KLの傾きは第2国が貿易を行わない自給自足の場合の国内市場の均衡相対価格を表しています。

第1国の直線MNの傾きは第2国の直線KLの傾きよりも横軸を基準にして急であり，点E_1における社会的無差別曲線U_1^0の傾きが

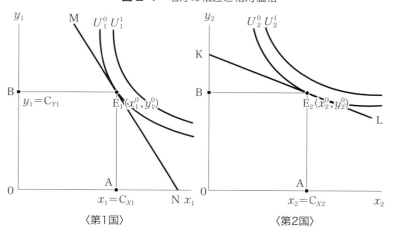

図2-1 嗜好の相違と相対価格

〈第1国〉　　〈第2国〉

点 E_2 における社会的無差別曲線 U_2^0 の傾きよりも大きいのです。第1国の X 財のほうが第2国と比較して相対価格が高いことを表しています。すなわち，第1国の社会的無差別曲線の傾きは，第2国の社会的無差別曲線の傾きよりも急であることは，第1国の消費者は第2国の消費者と比較して相対的に X 財を選好しており，第2国の消費者は第1国の消費者と比較して相対的に Y 財を選好していることを反映しています。

このような両国の消費者の嗜好・選好パターンの相違から，第1国のほうは X 財の価格が相対的に高く，第2国のほうは Y 財の価格が相対的に高くなっていると考えられます。

2. 価格消費曲線による国際貿易の説明

両国とも当初の財の賦存条件は点 E_1 と点 E_2 において同量の経済であり，所与であるとして，いま，交易によって国内の相対価格が変化するならば，それぞれの国の経済にとっての効用極大点はどのように変化するかを考えてみます。

2.1 第1国の価格消費曲線

図 2-2 における直線 KL は，第1国の消費者が直面する相対価格を表しており，この経済が点 E_1^0 の状態にある時の交易条件を表しています。輸出財1単位によって輸入できる他の財・サービスの単位数，すなわち，交換比率は「交易条件」と呼ばれます。

第1国の社会的無差別曲線が U_1^0 で表されるときの効用極大点は点 E_1^0 であり，社会的無差別曲線が U_1^1 で表されるときの効用極大点は直線 KL 上の点 E_1^1 です。

交易条件の変化によって消費者均衡点が移動するときの価格消費

図 2-2 第 1 国の価格消費曲線

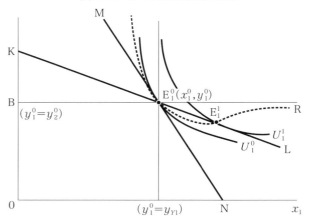

曲線（$E_1^0 E_1^1$）はそれぞれの交易条件に対応して，この第 1 国の経済が直面する輸出と輸入の条件，すなわち，国際貿易の条件を表しており「価格所費曲線」と呼ばれます。

2.2 第 2 国の価格消費曲線

図 2-3 における直線 KL は，第 2 国の消費者が直面する相対価格を表しており，この経済が点 E_1^1 の状態にある時の交易条件を表しています。第 2 国の社会的無差別曲線が U_2^0 で表されるときの効用極大点は点 E_2^0 であり，社会的無差別曲線が U_2^1 で表されるときの効用極大点はそれぞれ直線 KL 上の点 E_2^1 です。

このとき，曲線はそれぞれの交易条件に対応して，この第 2 国の経済が直面する輸出と輸入の条件，すなわち，国際貿易条件を表す第 2 国の「価格消費曲線」です。

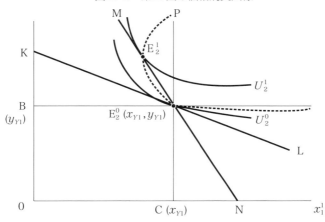

図2-3 第2国の価格消費曲線

3. オッファー・カーブによる説明

オッファー・カーブとは，交易条件の変化に対応してそれぞれの経済の消費者均衡点が移動する軌跡を表しており，輸出財と輸入財の量の組み合わせを示す軌跡です。

3.1 オッファー・カーブによる説明
1）第1国がX財を輸出し，第2国がY財を輸入するケース

図2-4において，横軸右の方向に第1国のX財の輸出量（第2国のX財の輸入量）をとります。また，横軸左の方向に第1国のX財の輸入量（第2国のX財の輸出量）をとります。次に，縦軸上の方向に第1国のY財の輸入量（第2国のY財の輸出量）をとります。また，縦軸下の方向に第1国のY財の輸出量（第2国のY財の輸入量）をとりますと，**図2-2**の第1国の価格消費曲線$E_1^0 E_1^1 R$は，あ

純粋交換による国際貿易：嗜好の相違と交易条件　第2章　21

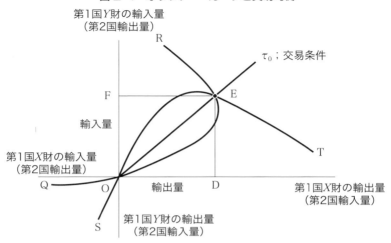

図 2-4 オッファー・カーブと貿易均衡

らためて**図 2-4** の第 1 国のオッファー・カーブ QOER のように描くことができます。また，**図 2-3** の第 2 国の価格消費曲線 $E_2^0 E_2^1 P$ はあらためて**図 2-4** の第 2 国のオッファー・カーブ SOET のように描くことができます。

図 2-4 の両国のオッファー・カーブが交叉している点 E は，両国間の貿易均衡を示しており，OD は第 1 国の X 財の均衡輸出量（＝第 2 国の均衡輸入量）を，OF は第 1 国の Y 財の均衡輸入量（＝第 2 国の均衡輸出量）を表しています。また，直線 OE は両国間の国際貿易を均衡させる交易条件（τ_0）を表しています。

2）第 1 国が X 財を輸入し，第 2 国が Y 財を輸出するケース

逆に，第 1 国が Y 財を輸出して，第 2 国が X 財を輸出するケースでは，両国のオッファー・カーブが**図 2-5** のように第 3 象限の点 E′ において交叉する場合として説明されます。この場合は，第 2 国

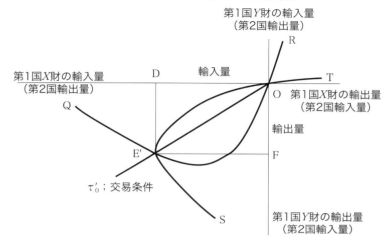

図2-5 オッファー・カーブと貿易均衡

が X 財を輸出して Y 財を輸入する場合を説明することになります。ここで，曲線 QEOR は第 1 国のオッファー・カーブであり，曲線 SEOT は第 2 国のオッファー・カーブです。

図2-4同様に，図2-5において，両国のオッファー・カーブが交叉している点 E′ が貿易均衡点です。

3.2 価格の調整メカニズムと安定条件

以上の説明から，国際貿易の均衡点は，両国のオッファー・カーブが交叉する点において決定されることが説明されます。次にこの均衡点が安定条件を満たすことを証明します。

図2-6 の交易条件が τ_1 のとき，第 X 財市場においては，第 1 国の輸出供給量は OD_1^1 であり，第 2 国の輸入需要量は OD_2^1 ですから，第 X 財市場は超過供給の状態です。また，第 Y 財市場においては，第 1 国の輸入需要量は OF_1^1 であり，第 2 国の輸出供給量は OF_1^0 で

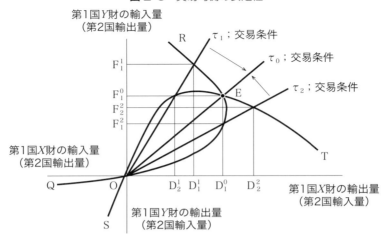

図 2-6 貿易均衡の安定性

すから，第 Y 財市場は超過需要の状態です。世界市場が競争的であり，ワルラス的価格調整メカニズム[1]が機能しているならば，第 X 財の価格は下落し，第 Y 財の価格は上昇すると考えられます。すなわち，交易条件 τ_1 は，より多くの X 財とより少ない Y 財が交換されるという意味で第 Y 財に有利な方向に変化する（右側に振れる）ことから，直線 τ_1 は直線 τ_0 に近づくことが説明されます。

交易条件が τ_2 のときには，第 X 財市場においては，第 1 国の輸出供給量は OD_1^0 ですが，第 2 国の輸入需要量は OD_2^2 ですから，第 X 財市場は超過需要の状態です。また，第 Y 財市場においては，第 1 国の輸入需要量は OF_1^2 であり，第 2 国の輸出供給量 OF_2^2 ですから，第 Y 財市場は超過供給の状態です。このとき世界市場が競争的であり，ワルラス的価格調整メカニズムが機能しているならば，第 X 財の価格が上昇し，第 Y 財の価格が低下すると考えられます。すなわち，交易条件は，より少ない X 財とより多くの Y 財とが交換さ

---

[1] 超過需要の財市場の価格は上昇し，超過供給にある財市場の価格は下落するというメカニズムです。

れるという意味で，第 X 財に有利な方向に変化することから，直線 τ_2 は直線 τ_0 の方向に近づくことが説明されます。

　以上の説明から，X 財市場と Y 財市場の 2 つの市場は τ_0 における均衡点 E において安定条件が満たされることが説明されるのです。すなわち，両国のオッファー・カーブが交叉する点 E を通る交易条件線 τ_0 が均衡交易条件であり，点 E は安定的であることが説明されます。

〔コラム2　物々交換とニューメレールのタバコ〕

　リチャード・ラドフォード（Richard Radford）は，1942年にアフリカのリビアでドイツ軍に捕虜として捕えられ，終戦まで戦争捕虜収容所で過ごしました。その時の経験を"The Economic Organisation of a P.O.W. Camp（pdf）"（R.A. Radford From Economica, November, 1945）としてまとめています。

　ドイツ軍の戦争捕虜収容所内で捕虜たちは定期的に，収容所から支給されるパンやマーガリンなどの生活必需品や赤十字や個人的な仕送りを通じて届けられるタバコ（巻煙草）やチョコレート，肉，茶，コーヒー，そしてニンジンの缶詰といったような品々の配給品や仕送りを受けました。

　やがて捕虜収容所内では物々交換が行われ始めました。タバコを吸わない捕虜は手持ちのタバコと交換にチョコレートを手に入れました。しばらくすると捕虜収容所内での交換は組織化され，タバコが貨幣の役割を果たすようになりました。タバコは価値尺度財（ニューメレール）としての貨幣としての役割を果たすうえで都合の良い特徴を備えていたのです。

　タバコは比較的質が均一で耐久性があること，小規模の取引にも大規模の取引にも使用できるという利点があったために価値尺度財になったのです。

　同時に，タバコは貨幣としては不都合な点が2つありました。1つは，タバコの葉が十分に入っているかどうかを確認する必要があったのです。中身の少ない不良タバコはその価値が低下しました。もう1つは，タバコが定期的に燃やされてしまうということでした。タバコが喫煙されるたびに流通する貨幣としてのタバコのストック量が減少してしまうのです。喫煙によってタバコが希少になると，タバコを吸いたい喫煙者たちはより安価な価格で手元の糖蜜やジャムを売ることになり，デフレーションが発生しました。

　反対に，大量のタバコが捕虜収容所に差し入れられると，これまでよりも高値な食料価格が発生しインフレーションになりました。

　タバコの価値を不安定にする要素として，もう1つの要素がありました。定期的な食料供給です。捕虜収容所では一定の間隔をおいて食料が供給されましたので，流通する食料の量に応じて，タバコの価値は変動し，財の価格は上下することになったのです。

第3章 ヘクシャー＝オリーンの理論

　国際貿易理論は，国際貿易においてどのような財がどれだけの量，輸出され，輸入されるかを説明し，国際貿易によって国内経済にどのような影響があるのか，そして貿易によってどのような利益があるかを説明するための経済理論です。国際貿易の利益が実現するためには，自国と貿易相手国との間に相対価格の差異が存在しなければならないのです。

　経済（国家）と経済（国家）との間において貿易が発生する原因としては次のようなケースが説明されます。①それぞれの国の自然資源の賦存量の相違が原因となる素朴な国際貿易理論。②リカードの「比較生産費説」において説明されたように，両経済間の生産技術の相違による供給条件の相違が原因となって生じると説明される国際貿易理論。〔相対価格の差異が存在するためには，生産費用の格差が原因となる場合をリカードは比較生産費説（第1章）として説明しました〕。③それぞれの国の財についての嗜好の相違，消費構造についての差異等によって生じると説明される国際貿易理論があります。〔相対価格の差異が存在するもう1つの原因がその経済の嗜好の相違を反映した需要条件の差異（第2章）でした。〕

　技術が世界的に広がり伝搬している現代においては，国と国との間の技術格差は次第に消滅することが経験されてきました。このとき，国際貿易が生じる理由についてあらためて考えなければならなくなりました。

生産条件の格差も存在せず，嗜好の相違も存在しない経済においても，国際貿易が発生し，貿易利益が得られることをE. F. ヘクシャーとB.G. オリーンが説明したのです。
　本章では，国際貿易が行われる原因について，生産物の費用条件や供給構造，産業構造と嗜好条件や消費構造，需要構造が全く等しい状態にある2つ経済間において，労働と資本の2つの生産要素の賦存条件が異なることによって，貿易が発生することを説明する「ヘクシャー＝オリーンの理論」について説明します。

生産と需要の相互理論としての国際貿易理論

　スウェーデンの経済学者ヘクシャー（Heckscher, E. F.：1879-1952）とその弟子オリーン（Ohlin, B.G.：1899-1979）は，労働以外の「支払いを受ける生産要素」（paid factors of production）の存在を考慮することによって技術や風土に差異のない国と国の間にも貿易が起こりうることを説明しました。すなわち，それぞれの経済における資本ストックや労働力などの本源的生産要素の賦存比率の相違が国際貿易の組み合わせと量を決定する重要な要因であることを説明したのです。この定理を「ヘクシャー＝オリーンの定理」（H.O.T.）といいます。
　「ヘクシャー＝オリーンの定理」とは，「各国は国内に比較的豊富に存在する生産要素を集約的に使用する産業に比較優位を持つ」という定理です。
　このヘクシャー＝オリーンの貿易モデルにおいては，ある経済の対外貿易構造や国内の産業構造との関係や要素賦存比率と所得分配との関係などが分析可能となるのです。また，このヘクシャー＝オリーンの貿易モデルによって，要素賦存の変化や貿易政策による相対価格の変化が生産構造や所得分配に及ぼす影響について分析する

ことが可能となるのです。

1. 開放体系モデル

1.1 基本モデル

「ヘクシャー゠オリーンの定理」を一般均衡体系モデルとして説明するために，次のような諸仮定をおきます。

① 2つの産業（第1産業と第2産業）は，本源的生産要素である資本と労働の2つの生産要素によって生産が行われる。

② それぞれの財の生産においては，資本と労働は代替的である。

③ 財市場も生産要素市場（資本市場と労働市場）も完全競争的であり長期の市場均衡状態にある。

④ それ故に，企業の超過利潤はゼロであり，各財の価格と平均費用と限界費用は等しい。

⑤ 各生産要素の価格は各生産要素の限界生産力の価値に等しい。

⑥ 資本と労働は産業間を自由に移動することが可能であるが，国境を越えることはない。

以上の諸仮定のもとで，以下のような基本モデルを考えます。Lは自国経済全体の労働賦存量，Kは経済全体の資本ストック賦存量[1]であり，それぞれの賦存量は当該期間において一定不変の量であり，当該モデルの外で決定されるという意味で外政変数であるとします。F_iはi番目の産業の生産関数であり技術的に所与です。L_iはi番目の産業の雇用量，K_iはi番目の産業の資本ストック投入量，X_iはi番目の産業の生産量，1番目の財をニューメレール（価値尺度財）とすると第2財の第1財に対する相対価格は$p\left(=\dfrac{P_2}{P_1}\right)$と表され，

---

[1] 資本ストックに一定の最適稼働率を乗じて一定期間内のフロー量の単位としてその大きさを考えます。

$w\left(=\dfrac{W}{P_1}\right)$ は実質賃金率, $r\left(=\dfrac{R}{P_1}\right)$ は資本の実質レンタル・プライス, C_i は i 番目の生産物に対する需要であり, α は第1財への消費の割合であり, $1-\alpha$ は第2財への消費量です[2]。

いま, 交易条件が一定の値 p_0 で与えられているとします。自国の国内経済のモデルは, 4つの外生変数 (L と K, p_0, α) と10個の内生変数 (L_i, K_i, X_i, w, r, C_i ; $i=1,2$) として, 次の (3.1) 式から (3.8) 式までの11本の式で表されます。

【労働市場】　$L_1 + L_2 = L$ 　　　　　　　　　　　　　　(3.1)

【資本市場】　$K_1 + K_2 = K$ 　　　　　　　　　　　　　　(3.2)

【生産関数】　$X_i = F_i(L_i, K_i)$, $i=1,2$ 　　　　　　　(3.3)

【利子率決定】　$r = F_{1K}(L_1, K_1) = p_0 F_{2K}(L_2, K_2)$ 　(3.4)

【賃金率と限界生産力】$w = F_{1L}(L_2, K_2) = p_0 F_{2L}(L_2, K_2)$ (3.5)

【予算制約条件式】　$X_1 + p_0 X_2 = C_1 + p_0 C_2$ 　　　　(3.6)

【第1財の需要】　$C_1 = \alpha(wL + rK)$ 　　　　　　　　(3.7)

【第2財の需要】　$C_2 = (1-\alpha)(wL + rK)$ 　　　　　　(3.8)

1.2 自給自足経済の場合

自国の経済が自給自足経済の場合は, 各産業生産物市場は国内で市場均衡条件を満たさなければならないために次の (3.9) 式と (3.10) 式が成立します。

$X_1 = C_1$ 　　　　　　　　　　　　　　　　　(3.9)

$X_2 = C_2$ 　　　　　　　　　　　　　　　　　(3.10)

ここで, 予算制約条件式 (3.6) 式が成立します。

この (3.6) 式を変形すると, 次の (3.11) 式が成立します。

$X_1 - C_1 + p(X_2 - C_2) = 0$ 　　　　　　　　(3.11)

この (3.6) 式との関係で, (3.9) 式が成立するとき, (3.10) 式

---

[2] α の大きさはその経済の嗜好状態を反映した効用関数から導出されます。

が成立します。あるいは，(3.10) 式が成立するとき，(3.9) 式が成立することがわかります。すなわち，(3.9) 式と (3.10) 式の 2 本の式の内の 1 本の式は独立ではないことが説明されます。これを「ワルラス法則」といいます。

1.3 開放体系の場合

開放体系の場合は，(3.9) 式と (3.10) 式が成立しないで，(3.6) 式だけが成立します。

小国の仮定のもとでは，交易条件は外生的に所与の値 p_0 ですから，(3.11) 式は次の (3.11′) 式のように表されます。

$$X_1 - C_1 + p_0(X_2 - C_2) = 0 \tag{3.11′}$$

すなわち，第 1 財が輸出財である $(X_1 > C_1)$ とき，第 2 財は輸入財であり $(X_2 < C_2)$，第 1 財が輸入財である $(X_1 < C_1)$ とき，第 2 財は輸出財であり $(X_2 > C_2)$ である。同時に，一定期間での輸出額と輸入額は等しいことが説明されます。

交易条件を p_0 として，それぞれの財の需要量は所得の関数であるとすると，次の (3.12) 式の条件を満たす第 i 財は輸出財として定義されます。

$$C_i(p_0, wL + rK) - X_i(p_0) < 0 \quad (i = 1, 2) \tag{3.12}$$

また，次の (3.13) 式の条件を満たす第 j 財は輸入財として定義されます。

$$C_j(p_0, wL + rK) - X_j(p_0) > 0 \quad (i = 1, 2) \tag{3.13}$$

2. ヘクシャー゠オリーンの定理

2.1 開放経済と小国の仮定

この経済の規模は世界経済の規模に対して小さな経済であり，世

界市場におけるこの経済の影響力は無視できる程度であると仮定します。すなわち，この経済が貿易を行う財の相対価格は世界市場において決定され，この経済の経済活動水準からは独立であるとする「小国の仮定」を採用します。

【交易条件－小国の仮定】 $p = p_0 = \dfrac{P_2}{P_1}$ (3.14)

この「小国の仮定」のもとでは，交易条件 $p\left(=\dfrac{P_2}{P_1}\right)$[3] は海外市場において決定され，この経済にとっては外生的に所与で一定の値 p_0 であるため，それぞれの財の国内市場だけでは需給均衡条件は常には成立しないことになります。

2.2 ヘクシャー＝オリーンの定理

労働の質も資本ストックの内容も全く同質であり，生産技術と嗜好状態は全く同質である 2 つの経済について考えます。

資本ストック豊富国（K 国）と労働資源豊富国（L 国）とを比較して考えます（$k_K > k_L$）。ここで，第 1 財産業は労働集約的産業であり，第 2 財産業は資本集約的産業である（$k_1 < k_2$）と仮定します。

小国の仮定より交易条件は一定所与（p_0）であり，それ故に要素価格比率 $\left(\omega = \dfrac{w}{r} = \dfrac{W}{R}\right)$ が一定 ω_0 であることから，各産業の資本労働比率（資本集約度，労働の資本装備率）が一定の値で決定されている（$k_1 = k_1^0$, $k_2 = k_2^0$）経済について考えます。

図 3-1 の k_1^0 は第 1 産業の拡張経路を k_2^0 線は第 2 産業の拡張経路を表しています。それぞれの産業の生産条件を満たす拡張経路の交点を点 A（K 国）と点 B（L 国）とすると，点 A は資本豊富国の産業構造を示しており，点 B は労働豊富国の産業構造を示しています。

すなわち，K 国においては資本集約的な産業のウェイトが大きく，

---

[3] このように交易条件を定義すると，第 1 財が輸入財であり，第 2 財が輸出財であると定義していることになります。しかし，本章では説明の便宜上第 1 財をニューメレール（価値尺度財）にしていますが，輸出財と輸入財の定義は固定していないことに注意されたい。

図3-1 ヘクシャー゠オリーンの定理

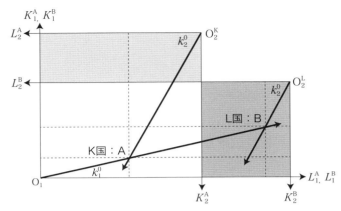

注：L_1^A, K_1^A は K 国の第1財産業の投入量，L_2^A, K_2^A は K 国の第2財産業の投入量です。L 国の場合は，添字に B を付けています。

労働集約的な産業のウェイトが小さいことがわかります。逆に，L国においては資本集約的な産業のウェイトが小さく，労働集約的な産業のウェイトが大きいことがわかるのです。

2つの経済において消費構造が同一であるとするならば，より生産量が多い財を輸出し，より生産量が少ない財を輸入すると考えることができることから，資本豊富国は資本集約的な財をより多く生産し，輸出する傾向があることが説明されます。また，労働豊富国は労働集約的な財をより多く生産し，輸出する傾向があることが説明されます。

すなわち，ヘクシャー゠オリーンの定理とは，「各国は国内に比較的豊富に存在する生産要素を集約的に使用する産業に比較優位を持つ」と説明されるのです。

2.3 ヘクシャー゠オリーンの理論の図解

経済全体にとって1つの意思や目的があるわけではなく，このよ

うな個々の国際貿易の総体として経済全体の貿易利益が説明されます。国際貿易に携わる個々人にとっては私的な貿易利益が発生することを国際貿易の誘因として個々の経済主体によって貿易活動が行われます。個々の貿易利益については，企業や家計による貿易利益とそれらの経済活動全体の貿易利益とを区別されなければならないのです。

2.3.1 生産可能性曲線と交易条件

　小国の仮定から，この経済は世界市場から与えられる所与の交易条件に対応して各企業・各産業の合理的な経済活動の結果として，この経済の産業構造が決定されることが説明されます。すなわち，**図3-2**において，$p_A\left(=\frac{P_2^A}{P_1^A}\right)$と$p_B\left(=\frac{P_2^B}{P_1^B}\right)$，$p_C\left(=\frac{P_2^C}{P_1^C}\right)$をそれぞれ所与の交易条件であるとすると，この経済はそれぞれの交易条件に対応して，2つの産業の生産量の組み合わせと資源配分を効率的にしながら，企業の合理的行動に従って，変化させることが説明されるのです。

　すなわち，交易条件がp_1^Aのとき，この経済の2つの産業の生産量は(X_1^A, X_2^A)で決定され，**図3-2**の点Aによって説明されます。交易条件が第1財にとって有利となるp_Bのときは点Bで説明され，第1財の生産量は増加し，第2財の生産量は減少して，生産量の組み合わせは(X_1^B, X_2^B)で決定されます。交易条件がさらに第1財に有利となるp_Cのときは，点Cにおいて説明され，生産量は(X_1^C, X_2^C)で決定されるのです。この生産可能性曲線の関係から，交易条件が有利化した財の生産量は増加し，交易条件が不利化した財の生産量は減少することが説明されるのです。

図 3-2　生産可能性曲線

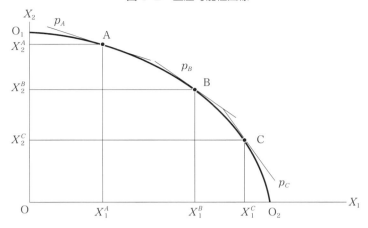

2.3.2 ヘクシャー゠オリーンの理論

　ヘクシャー゠オリーンの貿易理論においては，それぞれの産業の生産技術や人々の嗜好については差異がなく，生産関数と需要関数も同質であると仮定します。すなわち，生産要素の賦存量についてのみ2国間に差がある場合について，国際貿易の構造がどのように決定されるかを考えるのがヘクシャー゠オリーンの貿易理論です。

　「ヘクシャー゠オリーンの定理」とは，「各国は相対的に豊富に存在する生産要素をより集約的に使用する財を輸出し，相対的に希少な生産要素をより集約的に使用する財を輸入する」と説明できます。

1）第1財が輸入財・第2財が輸出財のケース

　図 3-3 において，交易条件が $p_1\left(=\dfrac{P_1^1}{P_2^1}\right)$ のとき，この経済の生産点はこの経済の生産可能性曲線と交易条件線とが接する点 Q_1 であり，消費点は，この経済の社会的無差別曲線 U_1 と交易条件線が接

する点 C_1 で表されます。

ここで，交易条件線はこの経済の予算制約条件線を表していますので，三角形 AOB はこの経済の予算空間として説明されます。すなわち，自国の生産可能性曲線以上の面積が国際貿易によって実現可能な予算空間として利用可能であるということです。

この場合，第 1 産業の財が T_1C_1 の幅（$=X_1^{Q1}X_1^{C1}$）だけ輸入され，第 2 産業の財が Q_1T_1 の幅（$=X_2^{Q1}X_2^{C1}$）だけ輸出されることが説明されます。この三角形 $Q_1T_1C_1$ は「貿易三角形」と呼ばれます。

ここで，第 1 産業のほうが第 2 産業よりも資本集約的な産業であるならば（$k_1 > k_2$），この経済は労働集約的な第 2 産業の財を輸出していることから，「ヘクシャー＝オリーンの定理」によって，この経済は労働豊富国であることがわかります。逆に，第 1 産業のほうが第 2 産業よりも労働集約的な産業であるならば（$k_1 < k_2$），この経済は資本集約的な第 2 産業の財を輸出していることから資本豊富国であることがわかります。

図 3-3 第 1 財が輸入財・第 2 財が輸出財のケース

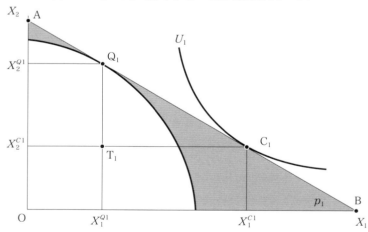

2）第1財が輸出財・第2財が輸入財のケース

図3-4において，交易条件が $p_2\left(=\dfrac{P_1^2}{P_2^2}\right)$ のとき，この経済の生産点はこの経済の生産可能性曲線と交易条件線とが接する点 Q_2 であり，この経済の消費点は，この経済の社会的無差別曲線 U_1 と交易条件線が接する点 C_2 で表されます。三角形 A′OB′ はこの経済の予算空間として説明されます。すなわち，自国の生産可能性曲線以上の面積が国際貿易によって実現可能な予算空間として利用可能であるということです。

この場合，第1産業の財が Q_2T_2 の幅（$=X_1^{Q2}X_1^{C2}$）だけ輸出され，第2産業の財が T_2C_2 の幅だけ（$=X_2^{Q2}X_2^{C2}$）輸入される。この三角形 $Q_2T_2C_2$ は「貿易三角形」と呼ばれます。

ここで，第1産業のほうが第2産業よりも資本集約的な産業であるならば（$k_1 > k_2$），この経済は資本集約的な第1産業の財を輸出

図3-4　第1財が輸出財・第2財が輸入財のケース

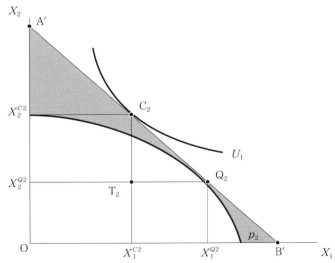

していることから，「ヘクシャー=オリーンの定理」から，この経済は資本豊富国であり，逆に，第１産業のほうが第２産業よりも労働集約的な産業であるならば（$k_1 < k_2$），この経済は労働集約的な第１産業の財を輸出していることから労働豊富国であることがわかります。

k を自国の要素賦存比率，k^* を貿易相手国の要素賦存比率とすると，「ヘクシャー=オリーンの定理」は，次２つのケースとして説明されます。すなわち，自国の経済において資本が相対的に豊富に存在する経済である場合，すなわち，$k > k^*$ 場合は，資本集約的な財を輸出し，労働集約的な財を輸入することになるのです。また，自国の経済において労働が相対的に豊富に存在する経済である場合，すなわち，$k < k^*$ の場合は，労働集約的な財を輸出し資本集約的な財を輸入することになるのです。

3）ヘクシャー=オリーンの定理の意味

以上の説明から，「ヘクシャー=オリーンの定理」とは，次のようなものであることが説明されるのです。すなわち，世界市場において決定される交易条件 p を一定所与として受け入れる小国経済は，国内の生産要素賦存条件に従ってそれぞれの生産要素市場において完全競争状態によって決定される労働の完全雇用と資本の完全利用状態が実現します。

このような生産物市場の均衡条件によってそれぞれの企業の利潤極大条件を満たす技術条件・生産構造とそれぞれの消費者の効用極大条件を満たす消費構造が決定されることになります。そのためには，国内の過剰生産物が輸出され，それらとの交換によって，国内において不足する財が国際市場において輸入されます，国際貿易が自由に行われることによって，社会的に最も効用極大な点を実現することができると説明するものです。

3. オッファー・カーブの導出

　以上の説明から，貿易相手国の生産要素の賦存条件の相違から，その貿易構造が生産可能性曲線と社会的無差別曲線との関係から説明され，交易条件の変化に対応して，貿易の組み合わせが変化することが理解されます。

　いま，**図3-5** のように，交易条件が p_1 から p_2, p_3, p_4, p_5 と変化した場合について考えます。

　この経済にとって，交易条件は第1財が相対的に高く，第2財が相対的に安い場合には，第1財が輸出財で第2財が輸入財であるように，貿易三角形は $\triangle Q_1T_1C_1$ であり，やがて，交易条件が不利化すると貿易三角形は $\triangle Q_2T_2C_2$ へと縮小し，交易条件が p_3 のときには自給自足経済となって貿易三角形は消滅します。さらに，交易条件が第1財に不利なように変化すると，第1財が輸出財となり，第2財が輸入財となって貿易三角形は $\triangle Q_4T_4C_4$ のように変化します。それ以上の交易条件の変化は貿易三角形を $\triangle Q_5T_5C_5$ へと変化させることがわかります。

　図3-5 で説明されたこのような交易条件の変化と貿易三角形の変化との関係は，次の**図3-6** のように表すことができます。すなわち，横軸右方向に自国の第1財の輸出量をとり，左側に第1財の輸入量をとります。また，縦軸上方に向に自国の第2財の輸入量をとり，下方向に第2財の輸出量をとります。原点からの各直線 p_1, p_2, p_3, p_4, p_5 はそれぞれの交易条件を表しています。

　この**図3-6** において導出された ABOCD 曲線は，それぞれの交易条件に対して自国の経済が直面する輸出と輸入の条件，すなわち，国際貿易条件を表しており「オッファー・カーブ」(offer-curve；条

図 3-5 交易条件と貿易三角形の変化

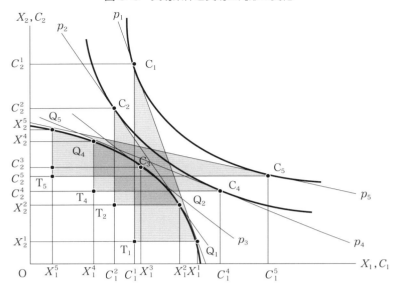

図 3-6 オッファー・カーブの導出

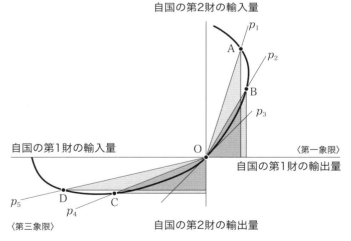

件提示曲線）と呼ばれます。

オッファー・カーブは，第1象限内では，横軸の第1財の輸出財の量を表しており，縦軸の第2財は輸入財の量を表しています。また，第3象限内では，横軸左に向かって第1財の輸入量を表しており，縦軸下に向かって第2財の輸出量を表しています。

レオンチェフ・パラドックス；Leontief Paradox

以上の「ヘクシャー＝オリーンの定理」の現代貿易論の説明にもかかわらず，「ヘクシャー＝オリーンの定理」が成立しない場合が，レオンチェフの実証分析の結果によって説明されました。すなわち，「ヘクシャー＝オリーン」の現代貿易論の説明についての不十分さが指摘されたのです。

W. レオンチェフ（W. Leontief）は，アメリカ経済について，輸入競争財は輸出財よりも1947年においては1.3倍も資本集約的であり，1951年においては1.058倍も資本集約的であることを確認しました。この事実は，アメリカの経済において資本は希少な生産要素であるということになります。

これは，アメリカは資本豊富国であるという常識的な理解に反するという意味で「レオンチェフ・パラドックス」と呼ばれています。

このような「レオンチェフ・パラドックス」の状態が発生する原因について以下のようないろいろな議論が行われました。

1つの説明は，経済が発展し教育制度が完備したアメリカの労働力は，外国の労働力とは同質ではないとする考え方です。したがって「労働力を効率的な単位で測り国際的に比較する」ならば，アメリカは労働豊富国となり，アメリカの資本供給は相対的に過小となるという考え方です。それ故に輸入競争財の労働集約度が高くなるため，レオンチェフの計測結果は「ヘクシャー＝オリーンの定理」

と矛盾しないという考え方です。

　もう1つの説明は，資本豊富国の需要が資本集約的な財に大きく偏ることが原因であるとする「需要の偏り」による説明が行われました。

　最後の説明は，資本豊富国における資本集約的な財と，労働豊富国における資本集約的な財の定義において同一産業といえども技術的には逆転が生じている可能性があるとする「要素集約度の逆転」によって生じるという説明が行われました。

〔コラム3　素朴な貿易理論〕

　最も素朴な国際貿易理論（Rustic trade theory）は，その国に存在する資源の有無と過不足に依存して貿易が行われる場合として説明されます。すなわち，石油や天然ガス，石炭のような自然資源を豊富に保有する国は，余剰となる自然資源を輸出し，非資源保有国はその資源を輸入するほかに術はないというのが，自然で素朴な国際貿易論の考え方です。

　しかし，国際貿易の理論の世界では，自然資源以外にも，自国内で生産される財やサービスが国と国との間で交易されることが説明されなければならないのです。ある財やサービスの生産技術を持つ国がその財やサービスの優位性を背景に生産し輸出することが可能となります。同時に，その財やサービスの生産技術を持たない国がその財やサービスを不足する程度に応じて輸入することが説明されるのです。

　このような考え方によって国際貿易を考えるとき「素朴な貿易理論」が説明されます。

　以上の議論を1つの国際貿易理論としてまとめることができます。

　財・サービスの国内市場において，それぞれの交易条件のもとで，過不足（超過需要量と超過供給量）に応じて，必要量を輸入し，その財・サービスが過剰となる財・サービスについては必要に応じて輸出することになるのです。

第Ⅱ部

国際収支の理論

　国際貿易とは国境を越えた財・サービスの取引です。この取引の結果として国境を越えた決済が必要となります。しかし，それぞれの経済においては，それぞれの国家権力のもとで異なった通貨が国内に1つの通貨圏を構成しています。国境を越えた決済ということは，通貨を異にする経済間の取引の決済にまつわる問題が生じるということになります。この財・サービスの国際的な取引（国際貿易）の結果として生ずる決済問題を解決する手段としての国際貿易にまつわる決済システムが必要となるのです。

　この決済の問題について考えるとき，国際収支という決済通貨の過不足が問題となります。これが国際収支論です。

　この第Ⅱ部においては，国際貿易の結果として生じる貨幣的取引とその決済問題を前提とした「絶対優位の理論」（Theory of Absolute Advantage）について考えます。「絶対優位の理論」とは，両国間において金や米ドルのような共通の価値尺度で測ってそれぞれの財の価格を比較した場合に，貿易相手国に比べて国内市場のほうが絶対的に安い（高い）財を輸出（輸入）して貿易利益を得ることが可能であるという経済理論です。

　このような国際貿易において，それぞれの財・サービスの輸出額と輸入額が等しい場合には，国際収支（貿易収支）は均衡し

ています。しかし，輸出額が輸入額を超過（不足）している場合には，貿易収支は黒字（赤字）になり，その額に対応する決済通貨の支払いが貿易収支の赤字国にとって必要になります。この決済通貨の過不足について国際決済問題が発生するのです。

　第4章においては，市場均衡理論の前提としての「一物一価の法則」と「裁定取引」，「交易条件」について説明します。その後，輸入による貿易利益や輸出による貿易利益が発生する輸入財と輸出財等の貿易財（Tradable Goods）と貿易利益が発生しない非貿易財（Non Tradable Goods）の定義と分類について，輸送費用（Transportaion Cost）の問題として説明します。その後，為替相場（Exchange Rate）の変化がこの定義と分類に与える影響について考察します。

　第5章においては，輸入財の輸入量と輸入額の決定について説明し，輸入財産業への貿易政策として，輸入数量規制と輸入割当制の経済効果について説明します。次に，輸出財の輸出量と輸出額の決定について説明し，輸出財産業への貿易政策としての輸出補助政策について考えます。また，経済発展戦略として採用される幼稚産業保護政策について説明します。

　第6章においては，異なった通貨の交換問題として，為替相場制度について説明します。

第4章 市場と交易条件

　国と国の間で貿易が行われるとき,どのような財が輸出され,どのような財が輸入されるかという問題,すなわち,どのような組み合わせで国際間を財とサービスが貿易されるかを経済理論として説明した最初の経済学者はアダム・スミス(Adam Smith:1723-1790)であると考えられています。

　アダム・スミスの貿易理論とは,「買うよりも作るほうが高くつくようなものを自分のところで作ろうとするのは〔賢明ではない〕……」(『諸国民の富』(大内兵衛・松川七郎訳,岩波書店,1969年,p.681)という説明で理解されています。交換によって手に入れるよりも自分で「作るほうが高くつく」ものを,自分で作ることは資源の非効率的な使用である。より有利なものを自分で生産してそれと交換する交易によってその財を獲得するほうが資源の効率的な利用となり社会にとってより多くの利益をもたらすことになるという説明です。これは,社会において分業が行われることを説明する有力な経済学的考え方です。

1. 市場均衡の意味

1.1 一物一価の法則

　同一財の同一量は,1つの市場において同一価格で取引されることを「一物一価の法則」といいます[1]。

---

[1] 経済学では,このような条件を完全競争市場が成立するための前提条件としています。このような条件が成立しない場合は「不完全競争市場」として分析を行います。

この「一物一価の法則」とは，完全競争市場のもとでは，同じ質の商品は，同一量を同一市場において，同一の価格で取引されるという経済法則です。

　完全競争とは，市場に売り手も買い手も十分なほど多くの参加者がいて，一人ひとりの売り手や買い手は市場規模に対してその取引量がかなり少ないので，市場に影響を与えることがないようなアトミック（原子的・小さな）な存在であると想定されている市場です。アトミックな存在とは，現在の市場の状態のもとで，それぞれの経済主体が供給量や需要量を変更しても市場価格に影響を与えることはできないような小さな取引量であるという意味です。

　売り手も買い手も相互に競争的に取引に参加しており，市場に提供される商品の品質や価格について完全な知識をもっていると想定される市場状態です。このような完全競争市場では，商品の価格は，同質商品に対する市場全体の需給関係で決定されます。なぜならば，もしある売り手が均衡価格よりも高い（安い）価格をつければその売り手に対する財の需要が減少（増加）し，やがて均衡価格まで提示価格を引き下げ（引き上げ）ることになるからです。同様に，もしある買い手が均衡価格よりも高い（安い）価格をつければその買い手国に対する財の供給量が増加（減少）して，やがて市場均衡価格まで提示価格を引き下げ（引き上げ）ることになるからです。

　それ故に，各経済主体は市場で決定される市場価格を価格受容者（プライス・テイカー：price taker）として受け入れて取引量を決めることになり，市場全体の需給量が一致した点で市場均衡価格と均衡取引量が成立すると考えるのです[2]。

---

[2] このように市場価格の調整によって成立する市場均衡を「ワルラス的市場分析」といいます。

1.2 裁定取引

　裁定取引（arbitrage）とは，同じ価値の商品が異なった市場において異なった市場価格で取引されているときに，相対的に低い価格の市場でその財を購入して，相対的に高い価格の市場で販売することによって利益を享受することができます。このような価格差を利用した利潤動機での取引を「裁定取引」といいます。このとき取引費用として市場間の輸送費用を考慮することが必要です。

　市場が成熟している財については，短時間で市場均衡価格に収束するため，裁定取引の余地は小さいのですが，①取引者間に情報の非対称性がある場合や，②市場参加者が少ない場合，③商品の流動性が低い場合などの条件が満たされると，比較的長期間にわたって裁定によって利益が発生する余地が残ることがあります。

　このような「一物一価の法則」と「裁定取引」が世界的規模において成立すると仮定することによって国際貿易理論は「絶対優位の理論」として説明される自由貿易が主張されるのです。

2. 交易条件

　交易（trade）とは，商業とも訳され，「互いに商品を交換する商い」です。それぞれの経済主体にとって初期の存賦量とその消費の必要性との間に大きな差異がある場合に，「互いに相対的に不足している財・サービスの不足を補うための交換」をいいます。国境を越えた国際的な交易が国際貿易（international trade）です。

　経済学において「交換」(exchange) とは，所与の交易条件（terms of trade）のもとで「ある経済主体が現在所有している財の組み合わせの中で相対的に必要性の低い財を，その財をより強く必要としている他の経済主体に提供し，自分が相対的により必要とし

ている財と交換することによって，その経済主体が所有する財の組み合わせを変更して，経済状態をより良い状態に改善（better off）するために行われる経済活動」であるということができます。

すなわち，交易とは経済主体の間でお互いに自己の経済状態をより良い状態に改善することを目的として自主的に行われる交換です。もしも，初期に保有している財の組み合わせの状態が交換によって達成される財の組み合わせによって実現される以上の効用が得られているならば，その経済主体にとっては交換を行う誘因は存在しないのです。

国際間の交易である国際貿易が発生する原因は，この経済主体間の「交換」の動機と同様の議論として国家（経済）間の交易の動機として説明することができます。すなわち，国際貿易とは「ある経済（国家）が生産・消費している財の組み合わせの中で相対的に必要性の低い財を，その財を必要としている他の経済（国家）に提供し，自国が相対的に必要としている財と交換することによって，その経済（国家）が所有する財の組み合わせを変更して，経済状態をより良い状態に改善しようとすること」であるということができます。

2.1 交易条件

国際貿易において交易条件は，次のように定義することができます。

輸入量を IM，輸出量を X，輸入価格 P_{IM} を，輸出価格を P_X とすると，自国の交易条件（τ = terms of trade）は，輸出財1単位と交換に得られる輸入財の量として定義されますから，

$$\tau = \frac{輸入量(IM)}{輸出量(X)}$$ と表されます[3]。

---

[3] 貿易収支が均衡状態であると仮定すると，$PX = PIM$ です。このとき，交易条件は，
$p = \frac{IM}{X} = \frac{P_X}{P_{IM}}$ となり，交易条件は，「輸入財価格に対する輸出財価格」として定義することができるのです。

ここで，貿易収支の均衡（$P_X X = P_{IM} IM$）を前提とすると，交易条件は輸出財価格の輸入財価格に対する比率として定義されますから，$p = \dfrac{輸入量(IM)}{輸出量(X)} = \dfrac{輸出財価格(P_X)}{輸入財価格(P_{IM})}$ と表すことができます。

2.2　交易条件の改善・有利化

　交易条件を $\tau = \dfrac{輸入量(IM)}{輸出量(X)}$ と定義して，国際貿易を数量面の取引関係として理解する場合には，交易条件の改善・有利化とは，より少ない輸出量 X によってより多くの輸入量 IM を獲得するようになることを意味します。すなわち，国際貿易において国内資源を今までよりもより少なく投入（節約）して生産された財をより少なく輸出 X することによって，より多くの輸入量 IM を海外から得ることができるようになることです。効率的に国際的な交換を行うということを意味します。

　交易条件を $p = \dfrac{輸出財価格(P_X)}{輸入財価格(P_{IM})}$ として相対価格との関係から考える場合には，交易条件の改善・有利化とは，輸出価格を上昇させて自国の製品をより高く海外に売り，海外の製品をより安く買うことができるようになるということです。すなわち，輸出価格の輸入価格に対する相対価格が上昇することです。

2.3　交易条件の悪化・不利化

　交易条件を $\tau = \dfrac{輸入量(IM)}{輸出量(X)}$ と定義して，国際貿易を数量面の関係として理解する場合には，交易条件の悪化・不利化とは，一定の輸入量 IM を獲得するためにより多くの輸出量 X が必要になること

です。すなわち，国際貿易において国内資源を今までよりもより多く使用して生産された財をより多く輸出 X することによって，より少ない輸入量 IM を得るようになることです。

このことは，交易条件の悪化によって，国内経済の厚生水準を損なうということができます。しかし，国内生産のために投入される国内資源が労働であるとしますと，より多くの労働投入によって，より多くの輸出が可能になる場合には，輸出乗数によって国内の経済は活性化するという考え方から，交易条件の悪化は国内経済の水準にとって望ましい効果であるとマクロ経済学において説明される場合があります。

交易条件を $p = \dfrac{輸出財価格(P_X)}{輸入財価格(P_{IM})}$ として相対価格との関係から考える場合には，交易条件の悪化・不利化とは，国際貿易において輸出価格を下落させて自国の製品をより安く輸出し，海外の製品をより高く買うように輸入価格を上昇させて，輸出価格の輸入価格に対する相対価格が低下することです。

この場合は，先のマクロ経済学的な分析方法によりますと，交易条件悪化によって輸出が拡大し，輸入が減少することによって貿易収支の改善と有効需要の拡大が説明されます。

3. 輸送費と貿易財・非貿易財

3.1 輸送費用と貿易財

財を国際間において移動させるためには船賃や航空運賃のような直接的な輸送費や貿易のための保険料，倉庫費用，関税負担等の輸入・輸出業務についての諸費用等が必要となります。本章においては，これらの諸費用を総称して「輸送費用」として考慮します。

この輸送費用は輸入財の場合も輸出財の場合もそれぞれの財価格の一定割合の ϕ（×100％）が必要であると仮定して議論を行います。

1）輸送費用と輸入財

輸送費用を考慮して，外国が第 i 財について絶対優位を持つ場合について考えます。第 i 財が自国に輸入されるための条件は，第 i 財の自国での市場価格 P_i が外国での外貨建て市場価格 P_i^* に輸送費用 ϕ_i（×100％）を考慮した市場価格よりも高いことが必要です。

輸入財価格を P_i と表すと，次の（4.1）式の条件が成立しなければならないのです。

$$P_i \geqq (1+\phi_i)e_0 P_i^* \tag{4.1}$$

ここで，e_0 は邦貨建ての外国為替相場で，ここでは所与の値と仮定します。

図4-1 において，縦軸にこの財の邦貨（円）建て国内価格 P_i をとり，横軸にこの財の外貨建て世界市場価格 P_j^* をとると，直線 OM は傾きが $(1+\phi_i)e$ の直線で表されます。

輸入財とはその財の国内価格が輸送費を考慮した海外価格よりも高い場合であり，例えば点 A(8\$，990 円) のようにこの直線 OM よりも左上の領域で縦軸に挟まれた範囲内の価格の組み合わせとして表される財の集合として説明することができます。

点 A で表される財は，世界市場で購入する場合は 8 ドルであり，現行の為替相場が $e_0 = 100$ 円/ドル，輸送費用の割合が $\phi_i = 0.1$ であれば，円建て国内価格は 880 円となりますが，国内市場では 990 円で販売されている財ですから輸入したほうが安い財です。このとき自国通貨を外国通貨に代えて A 財を輸入して国内市場で販売することによって 110 円（＝990 円－880 円）の貿易利益が発生する

図 4-1 貿易財（輸入財・輸出財）と非貿易財

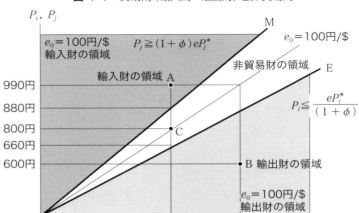

ことが説明されます。

2）輸送費用と輸出財

国際貿易のための輸送費用等を考慮して，世界市場において第 j 財についてわが国が絶対優位を持ち，この第 j 財が海外に輸出されるための条件は，次のように説明されます。

第 j 財の価格を P_j と表すと，この財が輸出財であるためには財の価格について，外国の同一の財の市場価格 P_j^* を為替相場 e_0 で換算した市場価格 $e_0 P_j^*$ よりも安いことが必要です。次の（4.2）式の条件が成り立たなければならないのです。ここで e_0 は邦貨建て為替相場であり，$\phi_j(\times 100\%)$ は輸送費用の割合です。

$$(1+\phi_j)P_j \leqq e_0 P_j^* \tag{4.2}$$

この（4.2）式の条件は，次の（4.2'）式のように表すことができます。

料金受取人払郵便

神田局
承認
8501

差出有効期間
平成30年6月
19日まで

郵 便 は が き

101-8796

511

（受取人）
東京都千代田区
神田神保町1－41

同文舘出版株式会社
愛読者係行

||||||||||||||||||||||

毎度ご愛読をいただき厚く御礼申し上げます。お客様より収集させていただいた個人情報は、出版企画の参考にさせていただきます。厳重に管理し、お客様の承諾を得た範囲を超えて使用いたしません。

図書目録希望　　有　　　　無

フリガナ		性　別	年　齢
お名前		男・女	才

ご住所	〒 TEL　　　（　　　）　　　　　　Eメール

ご職業	1.会社員　2.団体職員　3.公務員　4.自営　5.自由業　6.教師　7.学生 8.主婦　9.その他（　　　　　　）
勤務先 分　類	1.建設　2.製造　3.小売　4.銀行・各種金融　5.証券　6.保険　7.不動産　8.運輸・倉庫 9.情報・通信　10.サービス　11.官公庁　12.農林水産　13.その他（　　　　　　　）
職　種	1.労務　2.人事　3.庶務　4.秘書　5.経理　6.調査　7.企画　8.技術 9.生産管理　10.製造　11.宣伝　12.営業販売　13.その他（　　　　　　　）

愛読者カード

書名

◆ お買上げいただいた日　　　　年　　　月　　　日頃
◆ お買上げいただいた書店名　　（　　　　　　　　　　　）
◆ よく読まれる新聞・雑誌　　　（　　　　　　　　　　　）
◆ 本書をなにでお知りになりましたか。
1. 新聞・雑誌の広告・書評で　（紙・誌名　　　　　　　　）
2. 書店で見て　3. 会社・学校のテキスト　4. 人のすすめで
5. 図書目録を見て　6. その他（　　　　　　　　　　　　）

◆ 本書に対するご意見

◆ ご感想
- 内容　　　　良い　　普通　　不満　　その他（　　　　　）
- 価格　　　　安い　　普通　　高い　　その他（　　　　　）
- 装丁　　　　良い　　普通　　悪い　　その他（　　　　　）

◆ どんなテーマの出版をご希望ですか

<書籍のご注文について>
直接小社にご注文の方はお電話にてお申し込みください。 宅急便の代金着払いにて発送いたします。書籍代金が、税込1,500円以上の場合は書籍代と送料210円、税込1,500円未満の場合はさらに手数料300円をあわせて商品到着時に宅配業者へお支払いください。
同文舘出版　営業部　TEL：03-3294-1801

$$P_i \leqq \frac{e_0}{1+\phi} P_i^* \tag{4.2'}$$

いま，図4-1において，縦軸にこの輸出財の国内価格P_jを邦貨建てでとり，横軸にこの財の世界市場価格P_j^*を外貨建てでとると直線OEで表されます。このOE線の傾きが$\frac{e_0}{1+\phi}$の直線です。

輸出財の領域は，輸送費用を考慮したその財の国内価格よりも海外価格のほうが高い領域として定義されます。すなわち，輸出財の領域はその財の国内価格と海外価格の組み合わせが直線OEよりも右下の領域で横軸に挟まれた領域にある財，例えば点Bのような財として説明されます。

点B（10\$，600円）で表される財とは，世界市場において購入する場合に，海外では10ドルであり，現行の為替相場が1ドル＝100円（e_0＝100円/\$）であれば，円建て価格では990円となりますが，国内市場では600円（6ドル）で販売されているような財です。このときこのB財を10ドルで輸出して外貨を獲得して自国の通貨1,000円と交換することによって貿易利益を得ることが可能となります。この時この財は国内では輸送費用60円を考慮して600円ですから，貿易相手国の国内価格は10ドル（＝1,000円）ですから340円の利益となります。

3）輸送費用と非貿易財

国内価格と海外の市場価格との差によって輸入財か輸出財の領域が説明されます。しかし，財の中には輸入財にも輸出財にも分類されない，すなわち，貿易によって利益がもたらされない非貿易財の存在が以下のように説明されます。

輸入財であるための条件（4.1）式と輸出財であるための条件

（4.2）式のどちらの条件も満たされないとき，その財は輸入財でも輸出財でもないという意味で非貿易財であると定義されます。このような非貿易財（k 財）の範囲は，次の（4.3）式のように定義されます。

$$\frac{e_0}{1+\phi} P_k^* \leqq P_k \leqq (1+\phi_i) e_0 P_k^* \tag{4.3}$$

　このような非貿易財とは，世界市場価格よりも安いにもかかわらず輸送費等を考慮すると，世界市場価格よりも高くなるために輸出することによって損失が生じる財です。逆に，世界市場価格が国内市場価格よりも安いにもかかわらず，輸送費等を考慮すると国内市場よりも高くなるため輸入することによって損失が生じる財です。
　このような非貿易財の領域は，**図4-1**において直線OMの下の部分と直線OEの上の部分の範囲内の領域にある財，例えばC財（8\$，800円）として説明されます。ここで，C財とは，世界市場価格が8ドルで，輸送費用の割合が$\phi=0.1$とする0.8ドルとなることを考慮すると，この財を輸入する国内市場価格は880円（＝11ドル）となるためには国内市場価格800円よりも高くなるために利益が生じない財です。逆に，輸出すれば，8.8ドルとなるため，輸出しても，貿易相手国の国内価格8ドルよりも高くなるために利益が発生しない財なのです。

3.2　為替相場の変化と貿易財と非貿易財の領域の変化

　外国為替相場が変化した場合には，輸入財と輸出財の貿易財と非貿易財の領域の範囲に変化が生じます[4]。

1）為替相場の上昇の影響

　邦貨建て為替相場が，$e_0=100$ 円/\$ から $e_1=90$ 円/\$ へと安く

---

[4]　外国為替相場の変動が一時的である場合には，このような分析は不要です。

なった場合を円高/ドル安といいます。この場合は，自国の通貨円が基軸通貨ドルに対して増価したといいます。

このとき，国内市場価格は世界市場価格と比較して高くなるため，**図4-2**において，輸出財の領域と非貿易財の領域の境界線を表す直線 OE と輸入財の領域と非貿易財の領域の境界線を表す直線 OM は，原点を中心として時計の針周りに回転して OE′ 線と OM′ 線のように移動します。すなわち，為替相場の増価（円高/ドル安）は，この国の輸入財領域を拡大させ，輸出財領域を減少させることが説明されます。

例えば，点 F(9.9\$，990円) で表される財はアメリカで 9.9 ドル，日本で 990 円であり，為替相場が 1 ドル = 100 円の増価前ならば非貿易財でしたが，1 ドル = 90 円に円高になると，アメリカから輸入して輸送費を 1 割払っても 891 円（= 9.9\$ × 1.1 × 90 円/\$）であるために国内で生産される同一財の価格 990 円よりも安いため

図 4-2　為替相場の増価（円高/ドル安）の影響

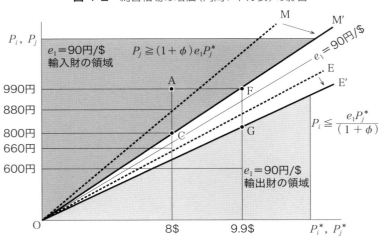

市場と交易条件　**第 4 章**　57

に輸入財となるのです。

また，点 G(9.9\$，820 円）の財は為替相場の増価前は国内が 820 円で世界市場価格が 9.02\$(＝820 円÷100 円/\$×1.1）の輸出財でしたが，増価後は 10.02\$(820 円÷90 円/\$×1.1）となり，非貿易財となるのです。

2）為替相場の下落の影響

邦貨建て為替相場が，$e_0 = 100$ 円/ドルから $e_2 = 110$ 円/ドルへと外国為替が高くなった場合を円安/ドル高といいます。この場合，自国の通貨円が基軸通貨ドルに対して減価したといいます。

このとき，国内市場価格は世界市場価格と比較して安くなるため，**図 4-3** において，直線 OE と直線 OM は原点を中心として時計の針と逆の方向に回転して OE″ 線と OM″ 線のように移動することになります。このような為替相場の減価は，この国の輸入財の領域

図 4-3 為替相場の減価（円安/ドル高）の影響

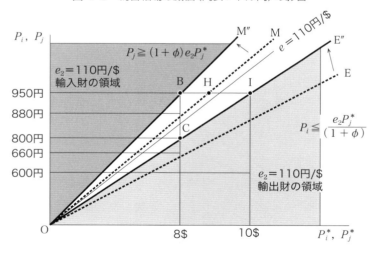

を減少させ，輸出財の領域を増大させることが説明されます。

例えば，点Iの財はアメリカ経済では10ドルであり，日本経済では950円の財であり，1＄＝100円為替相場では輸出すると10.45ドルとなるために，非貿易財でしたが，1＄＝110円に減価後は9.5ドル（≒950円×1.1÷110円／＄）となりアメリカ国内の同一財の10ドルよりも安いために輸出財となる財です。

点Hの財は為替相場の減価前は輸入財でありましたが減価後は非貿易財となる財です。

〔コラム4　交易条件は，有利化と不利化のどちらが望ましいか？〕

　単純に考えて，交易条件は有利化することが望ましいといえます。なぜならば，自分が作ったものと交換相手が作ったものとを交換する際に，自分が作ったものについての自分の努力が相対的に大きく評価されるからです。それ故に，国際的な交換においても，交易条件の有利化は望ましいものであるといえます。

　すなわち，貿易収支の均衡を前提にする限り，自国から輸出する製品を高く売り，海外から輸入する製品を安く買うという意味での「交易条件の有利化」が望ましいと考えることは当然なのです。

　しかし，完全雇用の実現されていない現実の経済状態にとって，国内の経済状態を改善するためには，景気の拡大と雇用の増加が必要になります。そのためには，企業が薄利多売を行って販売額を増加させようとするように，国内の企業が海外への輸出額を増加させたいと考えるならば，より安くより多く輸出したいと考えます。

　そして，同時に，国内の企業の生産・販売活動を保護するためには，海外からの競争的な製品を高く買いたいという状況が発生します。

　このとき，国内製品を安く輸出し，海外製品を高く輸入したいという意味で，「交易条件の悪化」が国内の景気刺激と完全雇用実現のためには望ましいという結論になるのです。

第5章 絶対優位の理論

1. 絶対優位

　リカードの比較生産費説に基づくと国際貿易の理論においては，ある財の相対的生産費が他の国における相対的生産費よりも高くなるとき，国内で生産するよりも海外から輸入するほうが資源の節約になることが説明されます。

　本章においては，一定の価値基準のもとで，ある財の生産が他の国における生産費よりも低くなるときには，その国はその当該財について「絶対優位」を持ち，この財が海外に輸出され，それと交換に「絶対劣位」の財を輸入することによって利益があると説明されます。

　国際貿易についての第1の関心は，どのような財がどれだけ輸出されるか，あるいは輸入されるかという問題です。

　「絶対優位の理論」においては，貿易される財の種類とその量は，国内市場と国外市場におけるその財の絶対的価格評価における内外価格差によって決定されると考えます。すなわち，それぞれの財の生産費用，流通費用，各種の流通マージンを考慮した市場価格についてその国際間の価格差が貿易される財の種類と数量を決定する要因であると説明されるのです。

1.1 輸送費用の扱いについての注意

　この貿易のための諸費用の支払いがわが国の企業によるサービス提供による収入になる場合は，国内取引による利益として計算されますが，この貿易のための費用が海外の企業に支払われる場合にはサービスの輸入ということになります。この大きさは，CIF（Cost, Insurance and Freight；シフ）といわれ運賃・保険料込み条件であり「シフ」と読みます。CIFによる貿易契約では，輸出者は，貨物を荷揚げ地の港で荷揚げするまでの費用（運賃，海上保険料等）を負担し，荷揚げ以降の費用（輸入関税，通関手数料を含む）は輸入者の負担となります。しかし，危険負担は貨物が積み地の港で本船に積み込まれた時点で移転します。

　日本の貿易統計では，輸出はFOB（本船渡し）価格，輸入はCIF価格で計上されています。一方，国際収支統計では，輸出も輸入もFOB価格で計上するため，国際収支統計を作成する際には，貿易統計の輸入額から運賃，保険料などを控除することが必要です。輸送業者や保険業者が国内の業者であるときは，輸送費用分は国内取引に対応し，輸送業者が海外の業者である場合はサービス収支の支払（輸入）に対応するのです。

　以下では，輸送費用については考慮しないこと（$\phi = 0$）として，議論を進めます。

1.2 貿易財の定義

　P_iを第i財のわが国での市場価格，P_i^*を第i財の外国での市場価格とします。わが国にとって第i財が輸入財であるか輸出財であるかは，国内での市場価格と外国での市場価格との価格差によって決定されることになります。ここで，e_0を邦貨建ての為替相場[1]として，＊を外国での外貨建て市場価格を表す記号として使用します。

---

[1] 邦貨建て為替相場とは，1ドル為替を100円で購入・販売する場合を100円/ドルと表します。実際の売買においては，為替手数料が必要です。

すなわち，$P_i \geqq e_0 P_i^*$ の条件を満たす第 i 財は，外国市場での価格のほうが安い財であり輸入財です。逆に，$P_i \leqq e_0 P_i^*$ の第 j 場合は，国内の市場価格のほうが安い財であり輸出財です。自国はこの輸出財である第 j 財に関して絶対優位を持つといいます。

2. 輸入財市場

　この節では輸入財市場について考えます。輸入財の外貨建て価格 P_i^* が世界市場において決定されているとします。わが国の経済は世界経済の規模と比較して小さい規模であり，世界市場においてわが国の貿易規模が価格影響力を発揮できないほど小さな規模であるという場合を「小国の仮定」といいます。

　この「小国の仮定」を前提として，輸入価格と輸入数量の決定について考えます。ここで，輸送費用としての輸送費や倉庫料，入管手続き料，保険等の貿易費用の存在を無視して，輸入財市場について考えます。

　次に，輸入による消費者余剰と生産者余剰とその両者の合計である社会的余剰の変化を分析して，「輸入による貿易利益」の大きさについて考えます。さらに，為替相場の変化が輸入財市場に与える影響について説明します。

2.1 輸入量と輸入額の決定

　第 i 財が輸入財であるための条件は，この財を海外から輸入したときに利益があるということです。すなわち，貿易開始以前の国内価格（$P_i^0 = CE$）を基準にして，その財の海外市場での購入価格 P_i^* が，同じ財の国内価格 P_i^0 よりも低いか少なくとも同一価格でなければならないということです。

絶対優位の理論　第5章　63

以上の条件をまとめると，第 i 財が輸入財であるためには，国内市場価格と世界市場価格との間に，次の (5.1) 式が成立することが必要です。ここで，国内通貨建ての為替レートを e_0 とします。

$$P_i^0 \geqq e_0 P_i^* \tag{5.1}$$

このような場合，第 j 財について外国が絶対優位を持ち，わが国は第 i 財について絶対劣位にあるといいます。また，「輸入財」とは「輸入された財」という意味だけではなく，輸入されている財と同様の財が国内市場においても生産され取引されているという意味であることに注意しなければなりません。

輸入財の市場均衡の説明は，**図5-1**のように描くことができます。この図の右下がりの D_i 曲線は国内の需要曲線であり，右上がりの S_i 曲線は国内の供給曲線です。この財市場の貿易が行われない場合の国内の市場均衡点は点 E で表されます。

「小国の仮定」より，輸入財価格は一定の価格でいくらでも輸入可能であるとします。

この輸入財について，「小国の仮定」より，海外からの供給の価格

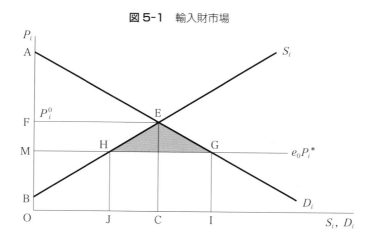

図 5-1　輸入財市場

弾力性は無限大であり，水平の直線として描かれます。P_i^* の輸入価格のもとでどれだけの数量でも海外から輸入可能であるとき，供給曲線は水平に表されるという意味です。この財の市場均衡点は図 5-1 において点 G になります[2]。

2.2 輸入による貿易利益

図 5-1 において，国際貿易が行われない場合のこの第 i 財の国内市場における市場均衡点は点 E であり，このときの消費者余剰は三角形 AEF，生産者余剰は三角形 BEF，消費者余剰と生産者余剰の合計である社会的余剰は三角形 ABE によってそれぞれ表されます。

国内市場価格が $P_i^0(=\text{OF})$ であり，国際市場価格が $e_0 P_i^*(=\text{OM})$ であるとき，この財は輸入財であり，その輸入量は HG（= JI）の幅で表されます。輸入額は四角形 JHGI の面積であり[3]，国内の輸出財産業の生産量は貿易が行われない場合の生産水準 OC と比較して，貿易が行われることによって OJ の水準に減少します。国内の需要量は貿易が行われない場合の OC から，貿易が行われることによって OI に増加します。

消費者余剰は輸入以前の三角形 AEF から，この財をより安く購入できるようになったことを反映して，三角形 AGM に増加します。生産者余剰は輸入以前の三角形 BEF から，市場価格が低下して生産量が減少したことを反映して，三角形 BHM に減少します。

社会的余剰はこの財の輸入によって，三角形 EHG の面積だけ増加していることが説明されます。この三角形 EHG は「輸入による貿易利益」と呼ばれます。

2.3 為替相場の変化と輸入財市場への影響

為替相場が変化した場合の輸入数量・輸入額への影響と消費者余

---

[2] この輸入財の国内市場は「完全競争の仮定」が満たされているとして議論を進めます。また，他の市場との相互作用は無視した部分均衡分析による分析として説明します。

[3] 貿易相手国の輸出額よりも輸送費用や保険料などの貿易費用の分だけ過大です。

剰・生産者余剰・社会的余剰への影響について考察します[4]。

1）為替相場上昇の輸入財市場への影響

初期の邦貨建て為替相場を e_0 として，為替相場が $e_1(<e_0)$ に増価（appreciation），あるいは切り上げられた場合について考えます。

円高・ドル安のような邦貨建て為替相場の増価，あるいは切上げは，外国市場での外貨建て価格が P_i^* で一定のもとでは国内価格を下落させるため，国内市場価格は $e_0 P_i^*$ から $e_1 P_i^*$ に下落します。このため，**図5-2** において，国内市場価格は下落することによって国内需要量は OI(MG) から OI'(M'G') に増加し，国内生産者の供給量は OJ(MH) から OJ'(M'H') に減少するために，輸入量は JI(HG) から J'I'(H'G') に増加し，輸入量は増加し，外貨建て輸入額は増加します。

邦貨建て輸入額は四角形 JHGI から四角形 J'H'G'I' に変化します。このときの邦貨建ての輸入額は，円高による価格の下落分だけ減少し，円高による輸入増加分だけ増加しますので，全体として輸入額

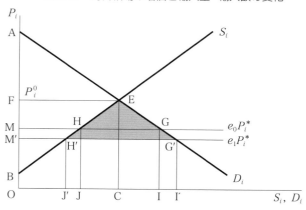

図5-2　為替相場の増価と輸入量・輸入額の変化

4　ここで輸送費は無視します。

は外貨建てでは増加しますが，邦貨建てでは増加する場合もありますが，減少する場合もあります。

このとき，消費者余剰は三角形 AMG から三角形 AM'G' に増加し，生産者余剰は三角形 BMH から三角形 BM'H' に減少して，社会的余剰は四角形 HH'G'G だけ増加することになることか説明されるのです。

2）為替相場下落の輸入財市場への影響

円安・ドル高のように邦貨建て為替相場が e_0 から $e_2(>e_0)$ に減価（depreciation），あるいは切り下げられた場合について考えます。

為替相場の切下げは，外貨建の価格が一定のもとでは国内市場価格を上昇させるため，**図 5-3** においては，国内市場価格は $e_0 P_i^*$ から $e_2 P_i^*$ に上昇します。国内市場価格の上昇によって国内需要量は OI(MG) から OI″(M″G″) に減少し，国内生産者の供給量は OJ(MH) から OJ″(M″H″) に増加するために，輸入量は JI(HG) から J″I″(H″G″) に減少し，外貨建て価格は一定ですから，輸入額は減少

図 5-3 為替相場の減価と輸入量・輸入額の変化

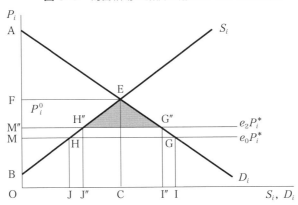

します。しかし，邦貨建て輸入額は四角形JHGIから四角形J″H″G″I″に変化します。

国内通貨建てでは，為替相場の減価分だけ国内価格が上昇し，その分だけ輸入額が増加し，輸入量の減少分だけ輸入額は減少していますので，輸入額全体は増加する場合もありますし，減少する場合もあります。

このとき，消費者余剰は三角形AGMから三角形AG″M″に減少し，生産者余剰は三角形BHMから三角形BH″M″に増加して，社会的余剰は四角形HH″G″Gだけ減少します。

2.4 輸入関税と輸入数量規制・輸入割当
1）輸入関税

海外から輸出される，あるいは海外へ輸入される商品がそれぞれの国の税関を通過する際に課される税を関税といいます。関税とは一般に輸入関税を指します。輸入関税とは，輸入される商品が税関を通過する際に課される税のことです。輸出に対する課税を指すことは稀です[5]。関税の分類としては，重量の大きさに課せられる「重量税」と価値の多さに課せられる「従価税」とがあります。あるいは，国内の輸入代替産業を海外の企業との競争から保護する目的で課せられる「保護関税」と税収入の獲得を目的として課せられる「収入関税」とがあります[6]。

この輸入関税は貿易収支の改善を図るための貿易政策の手段として最も典型的なものです。

いま，政府収入の確保のためや国際収支対策のために，あるいは，ある特定の産業を保護するためにそれと同一の財の輸入競争財に関して一定の率で輸入関税が課された場合についてその輸入関税の効

---

[5] 外国からのサービス（invisible trade）の購入に税を課す例は稀です。例えば，中国財政部は，2008年4月17日に国務院関税則委員会の決定として，4月20日から9月30日までの化学肥料の使用量が最も多い期間，国内のあらゆる貿易形態で，すべての地域，企業から輸出される化学肥料と一部化学肥料原料について，既存の輸出税率に加えてさらに100％の特別輸出関税を課すと発表しました。これは，「国際的なエネルギーと食糧の大幅な価格上昇の影響を受け，国内と国際市場の化学肥料の価格差が拡大し，輸出が大幅に増えた」ことから，「輸出の急増で国内の価格

果を説明します。

それぞれの財の世界市場において「完全競争の仮定」が成立し，この課税において交易条件が変化しないという意味で「小国の仮定」は満たされていることを前提とします。

いま，輸入関税率が**図 5-4** において τ_0 の率で課されたとすると，この財の国内価格は OM から OM′ に上昇します。国内価格の上昇によって国内の需要量は MG(＝OI) から M′G′(＝OI′) に減少し，輸入関税の賦課によって国内生産者の供給量は MH から M′H′ に増加します。したがって輸入量は HG から H′G′ に減少します。

このとき，消費者余剰は輸入関税が課される以前の三角形 AMG から，輸入関税が課された後の三角形 AM′G′ へと四角形 MM′G′G だけ減少します。また，生産者余剰は輸入関税が課される以前の三角形 BMH から，輸入関税が課された後の三角形 BM′H′ へと四角形

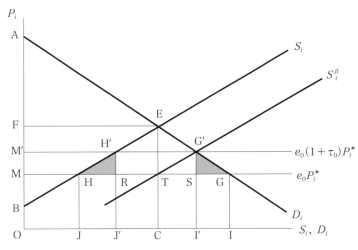

図 5-4 輸入関税と輸入数量割当

上昇圧力が増大し，同時に国内の一部地区と一部種類の化学肥料が不足している」ことを受けたものであると説明しました。

6 保護関税と収入関税との差異は政策当局者の意図に依存するものです。

MM'H'Hだけ増大することになります。このときの政府の関税収入は1単位当たりの関税収入 τ_0 ×輸入数量＝四角形RH'G'Sの面積で表されます。

輸入関税 τ_0 を課すことによって失われる社会的損失は三角形HH'Rと三角形GG'Sの和の大きさとして表されます。

2）輸入割当制

輸入割当制は該当する財の輸入を申し出た企業に対して先着順に与えられる場合もありますが，一般的にはそれぞれの輸入者（貿易業者・精製業者・原材料使用者・需要者等）に一定量の輸入枠（quota）を与える許可制（licensing）となり，それ以外は輸入を禁止するという形をとります。

割当関税とは，一定の割当量までは輸入に対して無税，または低い関税率を適用し，それ以上の輸入量には，禁止的な著しく高い関税率を適用する制度です。割当関税の場合は，毎年輸入通関順に割当が与えられる場合があります。戦後，多くの国が外貨不足などの国際収支上の理由で外貨の節約のために輸入制限を行ってきました。

先の輸入関税の場合の政策目的と同様の輸入量削減の結果を，政府が輸入関税の代わりに輸入割当政策によって得ようと期待する場合について説明します。

いま，**図5-4**においてH'G'だけの輸入割当を行うとします。この輸入割当によって，この財の国内供給量はHTの輸入量を加えて，点Tを通る供給曲線 S_i^β のように右にシフトすると考えることができます。

このとき，国内の需要量はM'G'であり，国内の供給量はM'H'ですので，先の輸入関税を課したケースと同様の生産量と取引量にな

ります。そのため，消費者余剰の変化と生産者余剰の変化の影響は輸入関税をかけた場合と輸入数量を割当てた場合とでは，同様の結論が導かれることが説明されます。すなわち，輸入業者相互間および外国の輸出業者間で，国内の輸入競争財産業において完全競争が支配している場合には，輸入関税の効果と輸入割当政策の効果はほとんど等しいのです。

しかし，輸入割当を受けた業者の利潤は四角形 HH′G′T であり，政府の関税収入四角形 RH′G′S の面積と等しいことから，政府の輸入関税収入に対応する額の利益が輸入割当を受けた業者の利潤となることが説明されます。すなわち，輸入割当（許可）制の効果は，関税の場合には関税収入が政府に帰属するのに対して，輸入割当（許可）制の場合には輸入制限によって生じるプレミアムが輸入割当を受けた業者の利潤となることが両政策の相違点です。

輸入関税の効果と輸入割当政策の効果の差は，輸入関税政策が政府の輸入関税収入となり，輸入割当政策の場合は輸入割当を受けた業者の利潤となるという差異であり，所得分配の差異として存在することが説明されるのです。すなわち，輸入割当政策は所得分配を不平等にするものであることが示されるのです。このときは，政府が輸入割当量を入札によって行い，超過利潤の多くを政府が吸い上げる政策が必要なのです。

3. 輸出財市場

この節では「小国の仮定」を前提として，輸出財市場について考えます。最初に，輸出財の価格が世界市場において決定されていますから輸出数量と輸出額の決定について考えます。次に，輸出による消費者余剰と生産者余剰とその両者の合計である社会的余剰を分

析して，「輸出による貿易利益」の大きさについて考えます。さらに，為替相場の変化が輸出財市場に与える各余剰の変化の影響について説明します。

3.1 輸出財の定義，輸出量・輸出額の決定

　輸出財の市場についての説明は，図5-5のように描くことができます[7]。この図の右下がりの直線 D_j は国内需要曲線であり，右上がりの直線 S_j は国内供給曲線です。国際貿易が行われない場合の国内の市場均衡点は両曲線の交点である点 E で表されます。

　ここで，第 j 財が輸出財であるための条件は，この財を海外に輸出したときに利益があるということです。すなわち，貿易開始以前の国内価格 $P_j^0 (= CE)$ を基準にして，国内通貨建ての一定の為替相場 e_0 とします。その財の海外市場での販売価格 P_j^* から輸出のために必要な諸費用と輸送費用を控除して決定される企業の輸出代金の受け取り価格を為替相場で換算した価格 $e_0 P^*$ が，同じ財の国内価格 P_j^0 よりも高いか少なくとも同一価格でなければならないということです。

　すなわち，第 j 財が輸出財であるためには，国内市場価格 P_j と世界市場価格 P_j^* との間に，次の（5.2）式の関係が成立することが必要です。

$$P_j \leqq e P_j^* \tag{5.2}$$

　この場合，わが国は第 j 財について，絶対優位を持つといいます。また，「輸出財」とは「輸出される財」という意味だけではなく，輸出されている財と同様の財が国内市場においても消費・取引されているという意味であることに注意しなければなりません。

---

[7] この輸出財の国内市場は「完全競争の仮定」が満たされているとして議論を行います。また，他の市場との相互作用は無視した部分均衡分析としての議論です。

3.2 輸出による貿易利益

図 5-5 において，国際貿易が行われない場合のこの財の国内市場における市場均衡点は点 E であり，国内価格は $P_j^0(=\text{OF})$ です。このときの消費者余剰は三角形 AEF，生産者余剰は三角形 BEF，消費者余剰と生産者余剰の合計である社会的余剰は三角形 ABE によってそれぞれ表されます。

この財が輸出財でありその国内価格が $eP_j^*(=\text{OM})$ であるとき，この財の輸出量は GH であり，輸出額は四角形 IGHJ です。国内の輸出財産業の生産量は貿易が行われない場合の生産水準 OC($=$FE) から OJ($=$MH) に増加しており，生産者余剰は三角形 BEF から三角形 BHM に増加しています。また，国内の需要量は OC($=$FE) から OI($=$MG) に減少しており[8]，消費者余剰は三角形 AEF から三角形 AGM に減少しています。社会全体の余剰は三角形 ABE からこの三角形 EGH の分だけ増加していることから，この三角形 EGH を「輸出による貿易利益」といいます。

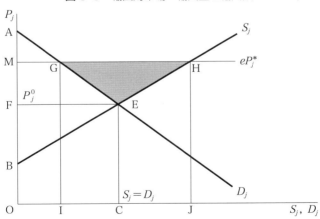

図 5-5　輸出財市場―輸出量と輸出額

---

[8] 貿易相手国の輸入額は，この輸出額四角形 GHJI よりも輸送費用や保険料や倉庫業などの貿易費用の大きさの分だけ大きい額として計算されます。

3.3 為替相場の変化と輸出財市場への影響

為替相場が変化した場合の輸出数量と輸出額への影響と消費者余剰・生産者余剰・社会的余剰への影響について考察します。

1）為替相場上昇の輸出財市場への影響

初期の邦貨建て為替相場を e_0 として，為替相場が $e_1(<e_0)$ に増価[9]，あるいは切り上げられた場合[10] の輸出財市場への影響について考えます[11]。

為替相場の増価（円高／ドル安）は，外貨建て価格 P_i^* が一定のもとでは国内価格を $e_0 P_j^*$ から $e_1 P_j^*$ に下落させるため，**図5-6** において，国内市場価格は P_j^0 から P_j^1 に下落します。

国内価格の下落によって，国内需要量は MG（OI）から M′G′（OI′）に増加し，国内供給量は MH（OJ）から M′H′（OJ′）に減少します。このため，輸出量は IJ（GH）から I′J′（G′H′）に減少し，輸出額は四角形 IGHJ から四角形 I′G′H′J′ に減少します。

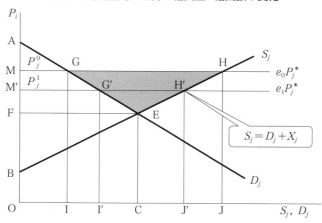

図5-6 為替相場の上昇と輸出量・輸出額の変化

---

[9] 変動相場制度（Flexible Exchange Rate System）の場合には，自国通貨の価値の上昇を増価（appreciation）といい，自国通貨の価値の減価（depreciation）といいます。

[10] 固定相場制度（Fixed Exchange Rate System）の場合は，切り上げ（Raise of Exchange Rate），切り下げ（Devaluation of exchange rate）といいます。邦貨建て為替相場では，自国通貨の上昇は外貨の邦貨建て相場を低下させます。

[11] 比較静学分析の説明において，輸送費用の存在は省略して議論を行っています。

邦貨建て輸出額は，価格の低下と輸出数量の減少を反映して必ず減少しますが，外貨建て輸出額についても外貨建て価格が一定のもとで，輸出数量の減少分に対応して必ず減少していることがわかります[12]。

2）為替相場下落の輸出財市場への影響

邦貨建ての為替相場が e_0 から $e_2(>e_0)$ に減価し[13]，あるいは切り下げられた場合[14]の輸出財市場への影響について考えます。

為替相場の減価（円安・ドル高）は，外貨建ての価格 P_j^* が一定のもとでは国内価格を $e_0 P_j^*$ から $e_2 P_j^*$ に上昇させるため，図5-7において，国内市場価格は P_j^0 から P_j^2 に上昇します。

国内価格の上昇によって国内需要量はMG（OI）からM″G″（OI″）に減少し，国内供給量はMH（OJ）からM″H″（OJ″）に増加します。このため，輸出量はIJ（GH）からI″J″（G″H″）に増加し，邦貨建て輸出額は四角形IGHJから四角形I″G″H″J″に増加します。外貨建て輸

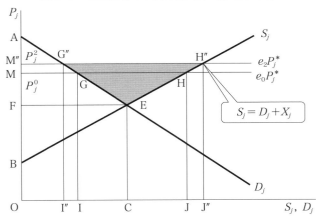

図5-7　為替相場の下落と輸出量・輸出額の変化

[12] この余剰分析においては，輸送費用の減少については考慮していません。もしこの財の輸出のための輸送が国内業者によって行われているならば，社会的余剰はその分だけ減少します。

[13] 変動相場制度の場合には，自国通貨の価値の下落を減価（depreciation）といいます。

[14] 邦貨建て為替相場であるから，自国通貨の価値の低下は，外貨の邦貨建て価格を上昇させます。

出額も価格の上昇と輸出量の増加を反映して必ず増大しています。

このとき，消費者余剰は三角形 AMG から三角形 AM″G″ に減少し，生産者余剰は三角形 BMH から三角形 BM″H″ に増加し，社会的余剰は四角形 GG″H″H 分だけ増加します[15]。この増加分四角形 GG″H″H を「輸出による貿易利益」といいます。

3.4 輸出補助金政策

貿易収支の赤字を減らすために，あるいは，貿易収支の黒字を拡大して，外貨を獲得するために，政府が輸出を増加させようとする政策手段として輸出補助政策があります。

いま，輸出される財1単位当たりに一定の割合 α で補助金を与えることによって輸出額を増加させる政策を考えます。

図 5-8 のように，ある輸出財の供給曲線が直線 S_j，この財の世界市場価格が P_i^* で表されるとき，輸出補助金が $\alpha\ (>0)$ の割合で決定されるならば，供給曲線は S_j から S_j^α のように右下にシフトしま

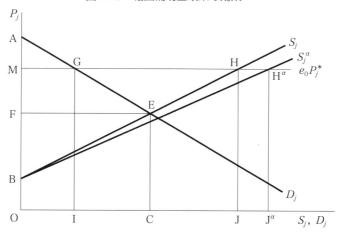

図 5-8 輸出補助金政策の効果

---

[15] この余剰分析においては，輸送費用の増加については考慮していません。もしこの財の輸出のための輸送が国内業者によって行われるならば，社会的余剰はその分だけ増加します。

す。この結果，輸出量は GH(IJ) から GH^{α} (IJ^{α}) に増加し，輸出額は四角形 IGHJ から四角形 $IGH^{\alpha}J^{\alpha}$ に増加することになります。

輸出に対する補助金政策の具体的な方法としては，日本では輸出所得に対する減免税という形などでの一種の隠れた輸出補助金の制度・輸出優遇税制（海外市場開拓準備金・輸出割増償却制度）が行われてきました。しかし，このような輸出補助金制度と輸出優遇税制とはその効果が異なるものです。

輸出補助金の大きさは三角形 BHH^{α} の面積で表され，輸出を行う企業に対して輸出量，あるいは輸出額（四角形 IGHJ）に比例して与えられます。これに対して輸出優遇税制とは当該企業が課税の対象となる利潤（三角形 BMH）をあげたときにはじめて「隠れた補助金」が与えられる制度であり，差別的な性格を持つものです。また，GATT(関税と貿易に関する一般協定) や WTO(世界貿易機関)においては自由貿易の原則から輸出に対して補助金を与えることは原則的に禁止されています。

3.5 幼稚産業保護政策

自由貿易のもとで経済厚生が最大に実現されるということは，当該財の市場状態を始め，技術状態や資源の状態などの前提条件が一定不変であるという静学的仮定に依存しています。しかし，現実にはある産業を輸入関税等により保護することによって，企業家・経営者・技術者が経験を積み，労働者の熟練度も高まることによって，その産業内における技術が進歩し，やがて費用低減効果が発生して生産関数がより生産的技術を習得し生産費用が低下することによって供給関数が下方へシフトすることが期待されるのです。その結果として，この場合その産業は輸入産業から比較優位を持った輸出産業へと成長することになるのです。

このような幼稚産業の急激な成長は，開発途上経済が工業化政策を開始する初期の段階において大きく期待されると考えられています。

　政府が，ある特定の産業について，特に，新しい技術的知識・労働の熟練度を必要とする産業を自国に定着させてゆくプロセスにおいては，その産業の生産活動が技術進歩と熟練度と経験の蓄積に貢献するという期待から，「幼稚産業」(infant industry) を輸入関税によって外国産業から保護する必要があるという「幼稚産業保護論」が常に主張され，保護貿易主義を支持する重要な議論と考えられてきました。

　いま，**図5-9** の縦軸に生産物の価格，横軸に生産量・需要量をとります。貿易開始以前のこの財の国内市場均衡価格はOFであり，世界市場価格OMよりも高いためにこの財は輸入財であり，輸入関税や輸入数量規制が行われないならばHR(IJ)の量が輸入されることになります。

図5-9　幼稚産業保護政策

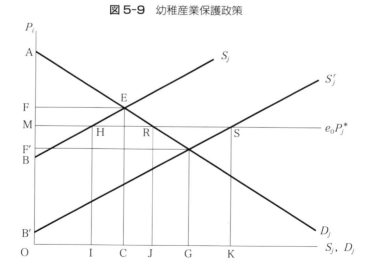

いま，政府が FM/OM の率で輸入関税を課して輸入を制限してこの産業を保護しながら，同時にこの産業への持続的な投資によって生産規模を拡大し生産費用が低下することによって，この産業の国内の費用曲線・供給曲線を S_i から右下の方向の S_i^r にシフトさせることができるならば，貿易がない場合の国内市場均衡価格は将来 OF′ となり，輸送費用等を考慮した世界市場価格 OM よりも低くなっているためにこの財は輸出財となることが可能となります。そのときの輸出量は RS(JK) となるのです[16]。

このような政策は，生まれたばかりの産業を保護して育てるという意味として「幼稚産業保護政策」と説明されます。この政策は，企業の技術進歩や労働者の経験や熟練度の蓄積を促すような投資を行い，生産性の上昇を目的とするという政策です。

しかし，このような政策は「幼稚産業」の保護ではなく，ある特定産業の「技術進歩の促進」による輸出産業の拡大政策であり，この政策を実行するために輸入関税等の「国境での規制措置」によって対処するのは妥当性が少ないと考えられています。また，このような政策目的が実現するまでの政策期間については，異時点間のコスト負担問題であり，幼稚産業を保護するためのコストを将来回収し得るだけの収益を生み出さない可能性があり，無差別的な輸入代替産業についての保護政策は経済的合理性を欠いたものになると考えられています。

1）収穫逓増産業と「マーシャル的外部経済」

ある産業の生産が規模に関して収穫逓増（あるいは費用逓減）の状態にある場合，その産業は「マーシャル的外部経済」のケースにあるということができます。ここで分析する当該産業は規模の経済性を享受することができる産業であるとします。

---

[16] ここで，分析の期間を通じて需要曲線はシフトしないと想定しています。

図 5-10 規模に関して収穫逓増産業

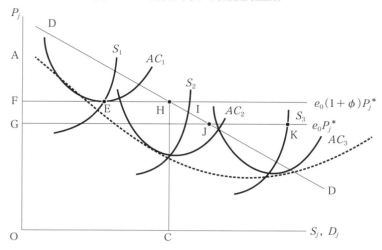

　この産業に大規模で持続的な投資が行われ，やがてこの産業の平均費用が低下し，利潤の拡大に伴って生産量が拡大し「マーシャル的外部経済性」が発生する場合について考えます。すなわち，**図 5-10** において，この企業の短期平均費用曲線が AC_1 から AC_2 へ，そして，AC_3 へとシフトし，短期供給曲線が S_1 から S_2 へ，そして，S_3 へとシフトする場合について考えます。

2）収穫逓増産業

　図 5-10 において，当該財の需要曲線が DD 線で表されているとします。当初，この企業の供給曲線が S_1 であるとします。いま，この財の世界市場での世界価格が OG であり，輸送費用等を考慮した国内市場価格が OF 以下であるならば，この企業の平均費用が世界価格よりも高いために，生産する財は輸入財です。政府はこの財市場に GF の幅の輸入関税をかけて国内価格を OF に上昇させ，この

産業を保護しているとします。このとき，この財の輸入量は EH の幅で表されます。

3）輸入財産業が輸出財産業に転換するケース

政府の保護や投資によって，この産業の生産規模が拡大し「マーシャル的外部経済」の効果を背景として，規模に関して収穫逓増（あるいは費用逓減）が発生すると考えます。

この規模の経済性を反映して限界費用曲線（平均可変費用の上の部分）＝供給曲線が図 5-10 のように S_1 から S_2 へ低下するならば，この財の生産量は点 I で決定され，国内需要を国内生産でまかなうことができるようになります。やがて，費用条件がさらに低下するならば，この産業は輸出産業として生き残ることができるかもしれないのです。

この産業の生産規模がさらに拡大し，規模の経済性を反映して生産費用・供給曲線が S_2 から S_3 へと低下することが可能であれば，この財は輸入財から輸出財へと変化することが説明されるのです。このときの輸出量は，JK の幅で説明されます。

規模の経済性と製品の差別化

比較優位の貿易理論においては，比較優位が決定される条件は貿易国相互間の貿易前の相対価格の差異に求められます。しかし，世界経済の現実においては同じ分類に含められるような財が一部は輸出され，一部は輸入されるという事実があります。これは産業内貿易と呼ばれる先進諸国相互間の「水平貿易」です。このような水平貿易が行われる原因としては，「規模の経済性」(increasing returns to scale) や「製品の差別化」(product differentiation) によるものがあると考えられています。

〔コラム５　短期国債の発行〕

　固定相場制度においては，外国為替市場の安定化のために，通貨当局（財務省と日本銀行）は外国為替市場に介入して為替相場を平価（parity）で維持しようと努力します。この外国為替市場への介入のためにはドル為替の購入資金としての邦貨（円）を通貨当局は短期国債（外国為替資金証券）の発行によってまかないます。

　貿易収支が均衡している場合は，短期国債はやがて償還できるのですが，貿易収支が赤字の場合は，決済通貨としての基軸通貨（ドル）が不足していますから，IMFから一時的にドルを借り入れなければなりません。また，貿易収支が黒字の場合は，外国為替を購入するための邦貨（円）を獲得するために，短期国債の増発が必要になります。

　短期国債は，原則的には，返済期限が１年以内の国際ですから，１年以内の期間を満期として返済されなければなりません。

　固定相場制度のもとで，長年，貿易収支の黒字が続き短期国債の返済資金が不足してきた日本経済の場合には，短期国債の発行が続き，借り換え国債の発行も継続的となりました。

　日本の国債の累積債務が増加した原因の多くは，日本経済の貿易収支の黒字化とその継続によって発生した短期国債の償還のための借り換え国債の発行による累積債務が原因であると考えられます。

　このような貿易収支の黒字化の現象は，変動相場制度である今日の為替相場の状況においても，あまり変わりません。なぜならば，今日の為替相場制度は純粋な変動相場制度であるのではなく，また，日本経済の国際収支の黒字の状態が続いているために，外国為替市場へのドル買い介入が続いているからです。

第6章 外国為替市場の要因

　国内経済においては，1つの自国通貨によって取引の決済が行われますが，国際経済においては複数の通貨が存在しているため，国際間の商取引においては個々の取引をどの通貨によって決済するかが問題となります。

　国際的な取引の当事者のうち少なくとも一方は取引のために通貨を交換する必要が生じます。場合によっては取引当事者の双方とも通貨を交換する必要が出てくる場合もあります。この場合には通貨相互間の交換比率（為替相場，為替レート）の問題が起こってくるのです。ここで，為替相場とは通貨相互間の交換比率であり，本来日々変動する性質のものと考えられています。

外国為替について

　外国為替（Foreign Exchange）とは，「通貨を異にする隔地間で現金を使わないで資金の授受を行う仕組みで，それに伴って通貨間の交換取引が発生するもの」です。1国の通貨は国境を越えれば通常の取引において使用することはできないために，ただの紙切れにすぎなくなるのです。国境を越えたお金のやりとりをスムーズに行うための仕組みが外国為替の発行とその交換所における決済なのです。

　国内経済においては1つの自国通貨によって取引が決済されますが，国際経済においては複数の通貨が存在しています。そのために，

国際間の取引においてはどの通貨によって決済するのかが問題となりますので，通貨の交換の必要性が生じることとなるのです。

外国為替市場（一般的にはドル為替）とは，過去の国際的な取引や投資によって必要となった決済のための外国為替（ドル為替）と国内通貨（円）の交換の場です[1]。

1. 外国為替相場の決定

外国為替相場は外国為替の需要条件（D；需要関数）と供給条件（S；供給関数）によって日々決定されます。

外国為替の需要要因（円をドル為替に替えるドル為替の需要）としては，①輸入の決済のため，②海外への投資のため，③過去に契約した先物取引の決済のため等があります。外国為替需要はドル相場が高くなると円相場が安くなるために，減少すると考えられますから，邦貨建て為替相場（e；円/ドル）の減少関数であると考えられます。

また，外国為替の供給要因（ドル為替を売って円に替えるドル為替の供給）としては，①輸出決済から得た外国為替を国内通貨に替えるため，②海外からの投資のため，③過去に契約した先物取引の決済のため等があります。外国為替供給はドル相場が高くなると円相場が安くなるために，邦貨建て為替相場（e；円/ドル）の増加関数であると考えられます。

外国為替相場

為替相場は外国為替市場において為替の需要と供給条件の変化を反映して，日々決定され常に変化しています。この節では円/ドル相場の場合の外国為替の変動要因について**図6-1**をもとにして考え

---

[1] 外国為替市場はどこにあるのか？ 電話やテレックスを通じて主な銀行と為替ブローカーの間で取引が行われているため，株式市場や青果市場のようにある特定の場所に市場があるわけではありません。よくテレビで見かける市場のような場所は銀行などのディーリング・ルームと呼ばれる部屋が外国為替市場というわけでもありません。

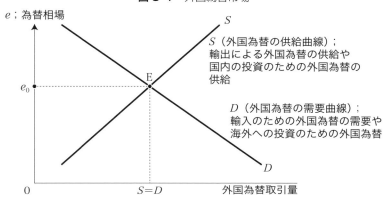

図 6-1　外国為替市場

ます。ここで，e_0 は所与の需要関数と供給関数のもとで均衡為替相場です。

2. 固定相場制度

　固定相場制度は，第二次世界大戦後の国際貿易体制の下でブレトン・ウッズ体制として成立しました。

　各国政府間で為替レートを平価（parity）で固定して，その平価を維持することを義務とした制度です。1944 年に国際復興開発銀行（IBRD）と国際通貨基金（IMF）が設立され，自由貿易や資本移動の促進を目的にして結成されました。当初は，金 1 オンス＝ 35 米ドルと定められ，常に米ドルと金は交換可能（兌換）とされました。これによって，米ドルを国際通貨（基軸通貨）とする IMF 体制が確立されました[2]。

---

[2]　米ドルの兌換停止（ニクソン・ショック）を受けて 1973 年に先進各国は，変動相場制へと移行しました。

図 6-2　不胎化政策

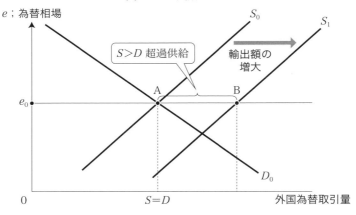

2.1　平価の維持の義務——不胎化政策

　固定相場制度において，輸出額が増加してドル為替供給が増加した場合，外国為替市場において超過供給が発生します[3]。図 6-2 の AB の幅が外国為替の超過供給量です。この場合には，通貨当局は短期国債を発行して平価を維持するために外国為替を購入します。

　通貨当局による短期国債の発行とは，ドル為替（外国為替）を購入するために新規貨幣量が増加しないように金融市場からドル為替購入のための資金を調達するシステムです。このような政策を「不胎化政策」といいます。

2.2　外国為替市場が超過需要の場合

　次に，輸入額が増加してドル為替需要が増加した場合，外国為替市場において超過需要が発生します。図 6-3 の CD の幅が外国為替の超過需要量です。この場合には，通貨当局は手持ちの外国為替を供給するか，海外から外国為替を借り入れて，平価を維持するため

---

[3]　輸出によって，受け取った外貨を外国の銀行に預けたり，外国に投資したりする場合には，その額の外国為替の供給は増加しません。

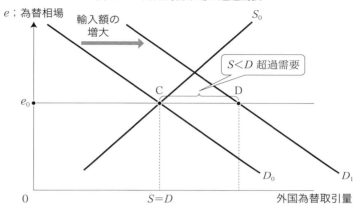

図6-3 外国為替市場の超過需要

に外国為替を販売します。

2.3 日本経済の経験

固定相場制を実現するためには、①中央銀行が外国為替市場において必要とされる外国為替をすべて受け入れる、あるいは、②資本の国際間の移動を規制し、固定相場を維持する、という方法があります。

1960年代末の日本は多少の規制があったものの基本的に①の政策をとっていました。当時の日本においては、将来の円切り上げを見込んでドルの短期資本流入（円買い）に応えて日本銀行が円売り/ドル買介入をしていました。しかし、外国為替市場への介入によって固定相場制は維持できましたが、市中に大量の円が出回る事態となり、国内の市場金利は低下し、信用創造が活発化して、この時期の列島改造ブームに乗って地価の上昇を引き起こす引き金となってしまいました。

このような状態を放置すると過度の景気刺激的な金融政策となるために，中央銀行が金利を引き上げ，金融引き締めを行うとすると，固定相場制度の下では短期資本が流入して，円が流出して金利低下となって，金利を引き上下は不可能となります。これを「固定相場制からの制約」といいます。しかし，このような金融政策の失敗を防ぐために短期資本流入を制限すれば，金融市場は閉鎖的となり，自由な資本移動が妨げられ，国際経済活動による利益を得ることができなくなります。

　このように，固定相場制においては，平価の維持と独立した金融政策，自由な資本移動の３つの政策は同時に実現することができないことが理解されています。これを「国際金融のトリレンマ」といいます[4]。

3. 変動相場制度

　変動相場制（floating exchange rate system）とは，為替相場を外国為替市場における外国為替の需要と供給との関係によって自由に決める制度です。フロート制ともいいます。

　1971（昭和46）年8月15日の米国のニクソン大統領が自国のドル流失を防ぐために，ドルと金の交換停止（兌換停止）を発表しました。これを「ニクソン・ショック」といいます。これを受けて，1971年12月に通貨の多国間調整と固定相場制の維持が行われました。いままでの，金1オンス＝35ドルから38ドルへの調整が行われました。このとき，1ドル＝360円から308円にドルの切り下げ／円の切り上げが行われました。しかし，このスミソニアン体制は長続きせず，1973（昭和48）年に先進各国は相次いで変動相場制に切り替えたのです。

---

[4] 欧州連合（EU）諸国間においては，各国の「自由な金融政策」を放棄することで，固定相場制を維持しています。この固定相場制とは，単一通貨「ユーロ」のことです。

変動相場制は1976（昭和51）年1月にジャマイカのキングストンで開催されたIMF暫定委員会で承認されました。これを「キングストン体制」といいます。

3.1 円安／ドル高

輸出額の減少や国内への投資額等の減少によって，外国為替の供給（ドル売り・円買い注文）が減少し，同時に，輸入額の増加や海外への投資額の増加によって，外国為替の需要（ドル買い・円売り注文）が増加した場合，外国為替市場はドル為替の超過需要となり，円の超過供給となり，円安／ドル高になるのです。

このような現象は，図6-4においては，外国為替の需要関数の右上方へのシフトあるいは同時に，外国為替の供給関数の左上方へのシフトとして説明されます。

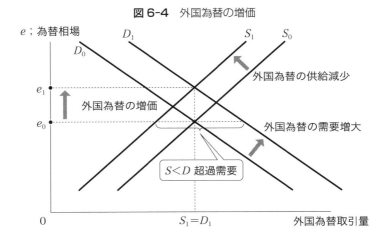

図6-4　外国為替の増価

3.2 円高/ドル安

輸出額の増加や国内への投資額の増加等により，外国為替の供給（ドル売り・円買い注文）が増加し，同時に，輸入額の減少や海外への投資額の減少により，外国為替の需要（ドル買い・円売り注文）が減少して，外国為替市場に超過供給が発生すれば，ドル為替の超過供給，円の超過需要となるために，円高/ドル安の方向になります。

このような現象は，**図6-5**においては，外国為替の需要関数の左下方へのシフトあるいは同時に，外国為替の供給関数の右下方へのシフトとして説明されます。

これらの為替による決済が国際間の貿易による財・サービスの取引や長期資本移動・短期資本取引の決済として通常どおりに安定的に行われている場合には為替相場は実需を反映して安定的な相場で推移すると考えられます。しかし，一度その安定的決済に陰りが生じたときには，実需ではない外国為替の売り買いが発生するために，外国為替相場とそれ故に国際的決済は激動することになるのです。

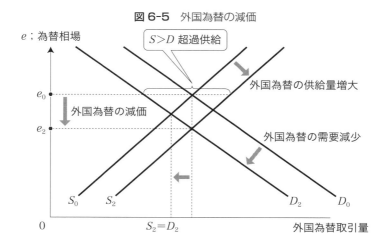

図6-5 外国為替の減価

〔コラム6　米価変動を抑えたシステム大坂堂島の先物取引市場〕

　変動相場制度の為替相場の安定システムには，実は先物取引と実物取引との微妙な関係がビルト・インされています。この先物取引のシステムは江戸時代の日本人の発明によるものです。

　徳川吉宗の時代の享保15（1730）年8月13日に大坂堂島に米の取引所である堂島米会所が開設されました[5]。

　江戸時代の大坂は全国の年貢米が集まるところでした。各藩の大坂の「倉屋敷」は，倉庫内の米の倉荷証券としての「米切手」の発行を行い，米切手持参人と米との交換や代金の送金や藩の金融の窓口として重要な役割を担っていました。

　米会所では米の所有権を示す米切手が売買されており，現物取引を「正米取引」といい，先物取引は「帳合米取引」と呼ばれていました。帳合米とは，実際には正米の受け渡しは行われずに，帳簿の上の差金の授受によって決済売買されました。敷銀と呼ばれる「証拠金」を積むだけで，誰でも差金決済による先物取引[6]が可能でした。すなわち，敷銀（証拠金）が5％とすると，20倍（＝1÷0.05）の取引を行うことができたのです。

　この大阪堂島の先物市場取引とは，次のようなメカニズムでした。

　いま，今年の米の購入価格が9月1日現在で45匁（もんめ）であり，10月1日の米切手の価格が50匁とします。米商人は両替商から米切手を借りて50匁で米切手を売ります。これは，1月先の11月1日における米価が不確かであるために，米を持ち越すリスク回避し，10月1日の時点で利益を確定するためです。米商人は先物市場でこの米切手を売り，11月1日の時点でその時点での価格で買い戻す取引を行うのです。

〈豊作で米価が暴落する場合〉

　いま，米が豊作であり，10月1日に50匁で買った米価が11月1日には40匁に下落したとすると，先物市場で米を買った人は10匁の損が発生します。米業者は，10月1日に米切手50匁で売っているのですが，この米切手を40匁で買い戻して両替商に返却するのです。そうすれば，米商人は，米を45匁で買って50匁で売っていますので，5匁の利益を確定することができるのです。

---

[5]　1730年8月15日に南町奉行 大岡越前守忠相（おおおかえちぜんのかみただすけ）の名で「堂島米会所」は正式に認められました。

[6]　この先物取引は，現代の商品先物市場の仕組みを世界最初に整備した市場でした。

〈凶作で米価が冒頭する場合〉
　逆に，米が凶作であり，11月1日に米価が60匁に暴騰すれば，先物市場で米を買った人は10匁の利益を得ます。しかし，米商人は50匁で売った米切手を60匁で買い戻し，両替商に返却するので利益はありません。米商人は直物市場で，45匁で買った米を50匁で売っていますので，5匁の利益が確定されているのです。

〈日本人が発明した先物取引〉
　シカゴ・ボード・オブ・トレード（Chicago board of trade）には，「この取引所のルーツは日本の先物取引所であり，大阪（大坂）堂島が発祥の地である。私たちの市場は世界で最初に整備された日本の市場を参考に開設されました」と書いてあるそうです。

第Ⅲ部
国際収支とマクロ経済均衡

　マクロ経済学は，J.M. ケインズ（John Maynard Keynes；1883-1946）の『雇用・利子および貨幣の一般理論』（塩野谷祐一訳・ケインズ全集 第7巻，東洋経済新報社，1983年）によるケインズ革命における「有効需要」決定の理論を背景として成立しました。その後，J.R. ヒックス（John Richard Hicks；1904-1989）の論文「ケインズ氏と『古典派』たち：解釈の一示唆」（Econometrica, 1937）やアルヴィン・ハンセン（Alvin Harvey Hansen；1887-1975）の"A Guide to Keynes"（1953）によって説明された均衡国民所得の概念がケインズの有効需要の理論に代わる新古典派経済学的なマクロ経済学として構築されました。そこでは，労働市場と生産物市場や貨幣市場，債券市場へのフィードバックを除外した，財市場と貨幣市場，債券市場の三市場一般均衡モデルとして再構築されました。

　第Ⅲ部の第7章においては，サミュエルソン（P.A.Samuelson）のケインジアン・クロス（45度線の理論）を拡張して，貿易収支を考慮したオープン・マクロ・モデルとして説明します。この国民所得決定論を前提として，財政乗数や租税乗数と同様に貿易乗数が導出されることを説明します。

　このように貿易収支を考慮した国民所得決定理論を開放体系マクロ・モデル（オー

プン・マクロ経済学（Open Macro Economics）といいます。このオープン・マクロ経済学においては，1年間の国民所得の規模 Y(National Income) は，1年間に支出される消費額 C(Consumption) と投資額 I(Investment)，政府支出の規模 G(Government Expenditure)，そして，貿易収支の全総額の大きさ TB(Trade Balances) によって決定されると説明されます。

第8章においては，ヒックス＝ハンセン流の新古典派マクロ経済学を開放体系モデルとして再構築して，ケインジアン・マクロ・モデルとマネタリストのマクロ・モデルとの相違について説明します。また，それぞれの国際収支の性格と金融市場の均衡条件についての分析の相違が財税政策や金融政策の効果についての理解に種々の相違が発生することを説明します。

第9章においては，国際間の利子率格差によって資本が移動するという仮定に基づいたマンデル＝フレミング・モデルについて説明します。また，固定相場制度と変動相場制度における財政政策と金融政策の有効性について説明します。

第7章 貿易収支を考慮した国民所得の決定

本章においては,サミュエルソンのケインジアン・クロス(45度線の理論)を貿易収支を考慮したオープン・マクロ・モデルとして説明します。この国民所得決定論を前提として,財政乗数や租税乗数と同様に貿易乗数が導出されることを説明します。

1. 国民所得決定式

開放体系のマクロ・モデル(オープン・マクロ・モデル)における,X_0を輸出額,IMを輸入額,I_0を投資規模,G_0を政府支出規模,$T=X_0-IM$を貿易収支とすると,生産物市場の均衡条件式は,次の(7.1)式のように表されます。

$$Y = C(Y - T_0) + I_0 + G_0 + X_0 - IM(Y) \qquad (7.1)$$

この(7.1)式の消費関数と輸入関数を線形関数と仮定して書き直すと,次の(7.2)式のように表されます。

$$Y = C_0 + c(Y - T_0) + I_0 + G_0 + X_0 - mY - IM_0 \qquad (7.2)$$

この(7.2)式を国民所得水準Yについて解くと,貿易収支を考慮した均衡国民所得の決定式が(7.3)式のように導出されます。

$$Y_E = \frac{1}{1-c+m}(C_0 - T_0 + I_0 + G_0 + X_0 - IM_0) \qquad (7.3)$$

このY_Eを均衡国民所得といいます。上の(7.3)式から,経済が不況期にあるときは,民間投資Iは将来に対する不確実性という期

待を反映して低い水準にあるために経済活動は停滞しており，それ故に国民所得水準も低く，消費も低い水準を推移することになるのです。このようなマクロ経済均衡を「ケインズ均衡」といいます。

この関係は，**図7-1**のように表すことができます。この図の第1象限は生産物市場の均衡条件，すなわち，国民所得決定式を表しており，総需要関数に貿易収支 $T(=$ 輸出額 $X-$ 輸入額 $IM)$ の項が入っています。第4象限は輸出額が一定所与 X_0 のもとで輸入関数が描かれており，点Tが貿易収支の均衡点を表しています。

1.1 消費関数

いま，1年間の消費額 C は，国民所得 Y の増加関数として定義されます。次の（7.4）式のような消費関数として定義されます。

【消費関数】　　$C=C(Y_D), 1>C'(Y_D)>0, C''(Y_D)<0$　　(7.4)

【基礎消費】　　$C=C(0)>0$　　(7.5)

【可処分所得】　$Y_D=Y-T$　　(7.6)

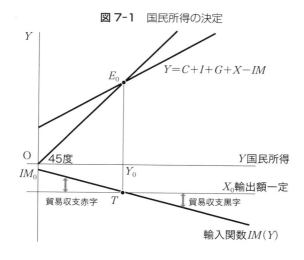

図7-1　国民所得の決定

(7.4) 式は，消費は可処分所得 Y_D の増加関数です。ここで，$C'(Y_D)$ は可処分所得の増加額に対する消費の増加額を表す限界消費性向 c（marginal propensity to consume）を表しており，一般に正の値で 1 より小の値です[1]。

(7.5) 式は，可処分所得がゼロの時の消費額がゼロであると記されていますが，これは可処分所得の変化に依存しない基礎消費の大きさを表しています[2]。

(7.6) 式は，可処分所得は国民所得から税支払額を控除した額であることが説明されています。

1.2 貿易収支の決定

価格水準，交易条件が一定不変であるという前提のもとでは，輸出額 X の大きさは貿易相手国の経済の好況か不況かというような経済状態に依存しており，海外の経済事情によって決定されますので，ここでは一定所与の大きさ X_0 と仮定します。

わが国の輸入額 IM は，わが国の国民所得 Y の規模に依存しますから，輸入関数は国民所得の増加関数として，次の (7.7) 式のように定義されます[3]。

【輸入関数】　　$IM = IM(Y), 1 > IM'(Y) > 0$ 　　　　(7.7)

【基礎輸入額】　$IM_0 = IM(0) > 0$ 　　　　　　　　　(7.8)

1 年間の輸出額を X_0，1 年間の輸入額を IM_0 とすると，貿易収支の規模 T は，次の (7.9) 式のように国民所得の増加関数として定義されます。

【貿易収支】　　$TB = X_0 - IM_0(Y), TB'(Y) = IM'(Y) < 0$

(7.9)

ここで，IM' は限界輸入性向 m（marginal propensity to import）を表しており，国民所得の増大が輸入を増加させる割合を表しています。

---

[1] 限界消費性向は国民所得の増加と共に逓減することを表しています。
[2] 1 年間の国民所得の大きさがゼロであるならば，国民経済はすでに崩壊しており，消費の額の問題ではないからです。
[3] 輸入額が可処分所得ではなく，国民所得の大きさに依存するのは，輸入の中の大部分は鉱工業生産のための原材料等であるからです。

1.3 投資と政府支出

投資 I は市場利子率 r の減少関数として一般に定義されますが、いま、利子率を一定不変 r_0 と仮定しますので、投資規模は I_0 の値で投資の限界効率との関係で一定の大きさとして定義されます。

同様にして、政府支出 G は政策変数としてこのマクロ・モデルの外で決定されますので、当面の分析においては一定不変の値 G_0 水準で決定されていると仮定します。

このような状況においては、経済活動の水準を示す国民所得の大きさ Y は、政府支出 G の大きさの変化や貿易収支 T の大きさの変化によって大きく変動することが説明されます。

2. 乗　数

ケインズ均衡において、政府が追加的な財政政策（$\varDelta G$）を実施し、労働者の所得分配が増加すると、有効重要が増加します。これを「ケインズの財政乗数」といいます。反対に、政府が増税政策（$\varDelta T>0$）を行うことによって国民の可処分所得を減少させると消費の減少を通して有効需要が減少します。これを「租税乗数」といいます。また、外国の好景気を反映してわが国の輸出が増大するとわが国の貿易収支が改善され、有効需要が増加します。これを「貿易乗数」といいます。

2.1 財政乗数

開放体系経済における国内の有効需要を拡大するための財政政策は、次の**図 7-2** のように説明されます。

財政支出の増加 $\varDelta G$ によって総需要が増加するとき、45度線との交点は E_0 から点 E_1 に移動することから、国民所得は Y_0 から Y_1 へ

図7-2 赤字財政による景気拡大政策は貿易収支赤字をもたらす

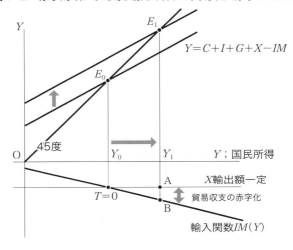

増加します。当初，貿易収支が均衡していると仮定します。国民所得の増加（$\Delta Y>0$）は輸入を増加（$\Delta IM>0$）させますので，輸出額が一定 X_0 のもとでは，貿易収支が AB の幅だけ赤字化（$=-\Delta IM$）することが説明されるのです。

固定相場制度における国内の景気拡大政策は国民所得の増加分に限界輸入性向を乗じた分だけ輸入額が増加して　貿易収支の赤字をもたらすのです。

1）財政乗数による乗数過程

財政乗数によって国民所得が増加する過程は，次の**図7-3**の上の部分のように説明されます。

財政乗数の過程は，財政支出の増加に公共事業の大きさ ΔG が国民所得を増加 ΔY させ，国民所得の増加が貯蓄額を増加させる ΔS 過程としても**図7-3**の下の部分のように説明することができます。

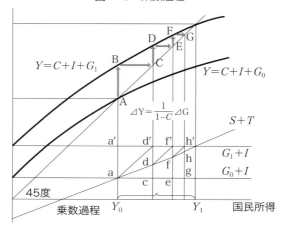

図 7-3 乗数過程

　所得水準が Y_0 から出発して，公共投資が AB の幅だけ増加します。これは総需要のうちの独立支出が増加した大きさです。この独立支出が増加すると企業の在庫が減少し，その減少の大きさに対応して企業の生産量が拡大します。やがて生産量と国民所得が BC の幅だけ増加します。この所得の増加に誘発されて消費が CD の幅だけ増加します。これは総需要のうちの誘発需要が増加した大きさです。誘発需要増加の程度は限界消費性向の値 c に依存します。やがて CD の幅と等しい DE の幅だけ，生産量＝国民所得が増加するという同様の過程について国民所得水準の増加が Y_1 の水準になるまで続くのです。限界消費性向が大き（小さ）ければ，図の総需要曲線の傾きは大きく（小さく）なり誘発効果（$Y_1 - Y_0$）は大きく（小さく）なります。

　限界貯蓄性向（s）＝ 1 － 限界消費性向（c）ですから，限界貯蓄性向が小さい（大きい）程誘発支出は大きい（小さい）ことが説明されます。

2）投資と貯蓄関数との関係で説明される乗数過程

　乗数過程については，投資の大きさ I と貯蓄の大きさ S との調整過程としても説明することができます。すなわち，公共事業の増加によって，国民所得が ac の幅だけ増加すると貯蓄が cd の幅に増加します。しかし，投資が貯蓄を上回っているために所得が dd′ ＝ ce の幅だけ増加して，貯蓄が ef の幅だけ増加します。このような過程を繰り返して，投資と貯蓄のギャップが解消するまで所得の増加が生じるのです。ここで，ac ＝ aa′，ce ＝ dd′，eg ＝ ff′ です。

　以上の説明から，貯蓄 S は所得循環の「漏れ」であることがわかります。独立支出である公共投資が増加すると，生産量と所得が増加しますが，消費支出の増加に回らない貯蓄は循環から姿を消すのです。これが経済循環における「漏れ」です。貯蓄される比率が小さいほど，すなわち，「漏れ」が少ない（多い）ほど，乗数の値は大きく（小さく）なるのです。

3）ケインズ乗数の過程

　ケインズ乗数とは総需要曲線の上方シフトによって有効需要が増加する過程とその累積過程全体の経済効果を説明するものです。この総需要曲線の上方シフトによる経済効果の過程には，次の三段階が説明されなければならないのです。

　第一段階はよく知られている公共事業の乗数過程です。公共事業によって有効需要が一時的に拡大するのです。しかし，政府の赤字財政政策はそれを継続的に行うには予算的に限界があるため，やがて総需要曲線は元の水準に戻ります。このとき他の政策効果が残存効果として総需要曲線に残るのが次の二段階の効果です。

　第二段階は公共事業によって雇用が増加すると労働所得が増加して消費関数が上方にシフトする過程です。国民所得の増加による消

費性向の低下と労働所得の増加による消費性向の上昇が相殺しあって，消費性向はほぼ不変のまま推移すると考えられます。

公共事業による有効需要拡大効果が企業家の将来に対する期待を上昇させる場合は，民間企業の投資が増加して，投資財産業に影響を与え，総需要関数を上方シフトすることになるのが第三段階目の効果です。すなわち資本の限界効率が上方シフトして所与の利子率のもとで投資が増大し有効需要が拡大するのです。

やがて持続的な所得の増加は政府歳入の増収となり，公共事業の際に支出した財政赤字を将来は補填すると期待されるのです。

ケインズは，経済の変動過程を単に数学的な計算式による表現だけではなく，予想と期待のもとで景気が改善される世界を説明しているのです。

2.2 租税乗数

政府の租税収入(T)を，定額税の部分(T_0)と定率税の部分(tY)とからなると考えることができるならば租税収入総額は，次の（7.11）式のように表されます。

$$T = T_0 + tY \tag{7.11}$$

ここで家計が支出することができる予算は税引き後の所得，すなわち，可処分所得(Y_D)は，$Y_D = Y - T$，ですから，可処分所得は次の（7.12）ように定義されます。

$$Y_D = Y - T = Y - (T_0 + tY) \tag{7.12}$$

このとき，消費関数は可処分所得の増加関数として（7.13）式のように定義されています。

$$C = C(Y_D) \tag{7.13}$$

いま，線型の消費関数を仮定すると，均衡国民所得水準Y_{E1}は次の（7.14）式のように求めることができます。

$$Y = c[Y-(T_0+tY)] + C_0 + I_0 + G_0 + X_0 - mY$$
$$-IM_0[1-c(1-t)+m]Y$$
$$= C_0 - cT_0 + I_0 + G_0 - IM_0$$
$$Y_{E1} = \frac{1}{1-c(1-t)+m}(C_0 - cT_0 + I_0 + G_0 - IM_0) \quad (7.14)$$

ここで，C_0 は基礎消費，c は限界消費性向，m は限界輸入性向です。

2.3 定額税乗数

政府が国民の経済活動に対して一定の租税額 T を課す場合について考えます。このとき，家計は所得から一定の租税額 T を課税され，定率税はゼロですから，$t=0$ と考えることができます。政府の租税額の変化（ΔT）が所得水準に与える影響（ΔY）を求めると，次の（7.14）式を租税額 T で微分すると次の（7.15）式が得られます。

$$\frac{dY}{dT} = \frac{-c}{1-c(1-t)+m}(C_0 - cT_0 + I_0 + G_0) \quad (7.15)$$

この値は政府が租税政策によって課税額を ΔT 増加させると，国民所得が ΔY だけ減少することを表しており，「定額税の場合の租税乗数」といいます。

この関係は，図 7-4 によって説明されます。いま，総需要曲線 $C(Y)+I+G$ 線と 45 度線の交点によって均衡国民所得水準が決定されます。租税額が増加した（$\Delta T>0$）とすると，均衡国民所得は Y_0 から Y_2 へ低い水準へ移動します。

ΔT が負の場合には減税政策を表しています。すなわち，減税政策によって国民所得が増加する効果は，次の（7.16）式のように表されます。

$$-\frac{dY}{dT} = -\frac{-c}{1-c(1-t)+m}(C_0 - cT_0 + I_0 + G_0) > 0 \quad (7.16)$$

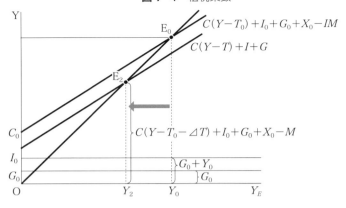

図 7-4　租税乗数

2.4 貿易乗数

本節においては，固定相場制度を前提に議論を進めます。固定相場制度においては，平価（parity）を維持するための国際的な約束を実行するために外国為替市場への介入の義務があります。

輸出の増大 $\varDelta X$ による総需要の増大について考える場合は，**図 7-5** のように輸出額を表す X_0 線の X_1 線へのシフトとして説明されます。いま，海外の好況状態を反映して自国の輸出額が増加 $\varDelta X$（$= X_1 - X_0$）した場合には，国内の総需要が増加するために，均衡国民所得水準を表す点は 45 度線の点 E_0 から点 E_3 に右上に移動し，国民所得は Y_0 から Y_3 へ増加します。当初，貿易収支が均衡していると仮定すると国民所得の増加は，増加した輸出額よりも少ない額の輸入を増加させますから，貿易収支は CD の幅だけ黒字化することが説明されます。

固定相場制度の場合は，平価に変更がないために為替相場の変動は少なく，輸出の増大は景気の拡大と貿易収支の黒字化をもたらします[4]。

---

[4] 変動相場制度の場合については，後の第 8 章で説明します。

図 7-5 輸出増加による景気拡大

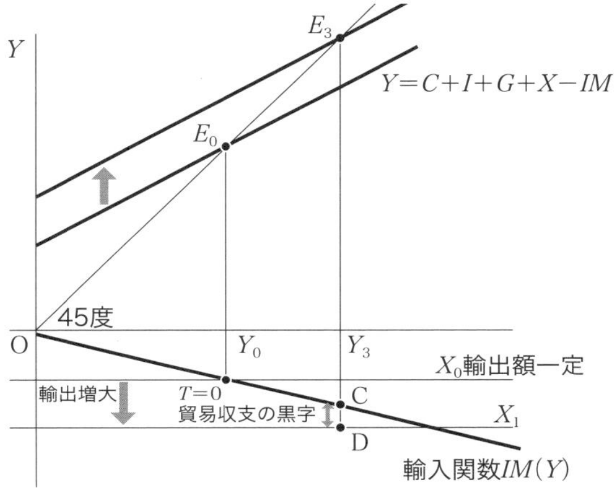

1）貿易乗数の計算

以上の説明は，(7.16) 式を輸出額 X について微分して整理すると，次の (7.17) 式のような貿易乗数として説明されます

$$\frac{dY}{dX} = -\frac{1}{1-c+m} = \frac{1}{s+m} \tag{7.17}$$

この (7.17) 式から輸出の増大 $\varDelta X$ は，国民所得水準 Y を $\frac{1}{1-c+m} = \frac{1}{s+m}$ 倍増加させることが説明されます。このとき，財政乗数も投資乗数も貿易乗数と同じ乗数値であることに注意しなければなりません。

2）為替相場制度の問題

しかし，コラム 5 の議論には前提があります。それぞれの国内価格は一定所与であること，そして，為替相場は固定相場制度（$e = e_0$）であり，貿易収支の黒字化を反映して国内通貨供給量が増加し

ないという「不胎化政策」がうまくいくという仮定が成立することです。

もしも，「不胎化政策」が失敗する場合には，国内物価が上昇し，交易条件が悪化するために，貿易収支の黒字化は持続することができません。また，純粋変動相場制度の場合には，輸出の増加分だけ為替相場が上昇しますので，貿易収支の均衡は維持されますので，輸出の増加は生じないのです。すなわち，変動相場制度においては「失業の輸出」は起こらないことが説明されます[5]。これを「隔離効果」といいます。

3）輸出乗数はゼロ

ケインズが「有効需要の理論」を発表した時代は，金本位制度の時代です。ケインズは，『一般理論』[6]において，「輸出乗数はゼロである」と説明しています。なぜならば，貿易収支が均衡している定常状態において，「他の条件にして等しい限り」(ceteris paribus)，輸出が増加するための条件は，輸出財価格の下落による国際競争力の上昇が必要なのです。

しかし，短期経済において生産費用を低下させる方法は賃金率の引き下げしかありません。賃金の引き下げは所与の賃金財価格のもとで労働者の所得が減少することを意味しており，労働者の生活水準を低下させて有効需要の減少を導くのです。ということは，輸出の増加は労働者からの消費を奪うことによって国内の消費が減少することによって有効需要を減少させるために，輸出の増加による有効需要の増加と相殺される政策となります。

輸出の増加に対応する有効需要の増加と賃金の下落による有効需要の減少が生ずれば，結局，経済全体の有効需要は増加せず，雇用量は増加しないということが説明されるのです。

---

[5] 変動相場制度が貿易収支を均衡させる場合の話です。現実には，変動相場制度は短期資本移動も含めた調整として機能していますので，隔離効果は弱いと考えられます。

[6] 『雇用・利子および貨幣の一般理論』塩野谷祐一訳・ケインズ全集 第7巻，東洋経済新報社，1983年。

J.M. ケインズは不況期には，輸出の拡大のような「失業の輸出」ではなく，政府が赤字財政政策を実行することによって国内経済を活性化するべきであると説明したのです。

〔コラム7 「失業の輸出」の話〕

　以上の貿易乗数の議論は，新古典派マクロ経済学の貿易乗数の説明です。しかし，ケインズの本来の議論においては，前節での説明のように貿易乗数の値はゼロなのです。

　ケインズの有効需要の項目（$Y=C+I+G+X-IM$）に投資 I や政府支出 G と同様に，輸出 X が入っています。ということは，投資の拡大（$\varDelta I>0$）や財政政策（$\varDelta G>0$）によって有効需要が増加する（$\varDelta Y>0$）ように，輸出の増加（$\varDelta X>0$）によって，有効需要が増加するということが説明されるのです。

　しかし，わが国の輸出の増加は，貿易相手国の輸入の増加（$\varDelta IM>0$）ですから，輸出の増加によって有効需要が増加するように，貿易相手国は輸入の増加によって有効需要が減少（$\varDelta Y^*<0$）し，失業が増加することを意味しています。すなわち，わが国の雇用量の増加（$\varDelta N>0$）は貿易相手国の雇用量の減少（$\varDelta N^*>0$），すなわち，失業の増加を意味していることになるのです。このことを「失業の輸出」といいます。このような輸出増加政策によって，雇用量を増加させ，国内所得を増加させる政策は「失業の輸出」といわれて国際社会では嫌悪されています。

第8章 開放体系下のIS-LMモデル

　ヒックス＝ハンセン流のIS-LM・マクロ・モデルは，本来，ケインズ経済学の伝統に従って海外との貿易を考えない短期封鎖経済モデルです。

　この章では，この封鎖経済マクロ・モデルを国際貿易と国際資本移動を考慮した開放体系マクロ・モデル（オープン・マクロ・モデル）として再構築します。ここで，貿易収支 TB は輸出 X と輸入 IM との差額として定義されます。また，r を国内の利子率，r^* を海外の利子率として，資本収支 K については国際間の利子率格差（$r-r^*$）に反応して生ずる資本移動のネット（net；純）の額として定義されます。資本移動の純（ネット）の額とは，海外からの資本流入額と海外への資本流出額の差額という意味です。

1. オープン・マクロ・モデル

1.1 国内生産物市場の均衡条件としてのIS曲線

　C を今期の消費額，I を今期の投資額，G を今期の政府支出額，X を今期の輸出額，M を今期の輸入額とすると，オープン・マクロ・モデルにおける生産物市場の均衡条件式は，次の (8.1) 式のように定式化されます。

$$Y = C + I + G + X - IM \tag{8.1}$$

　それぞれの支出項目については，国内で生産された財（Domestic

Goods）の場合と海外で生産されて輸入された財（Imported Goods）の場合が混在していますので，それぞれ2つの項目について表記すると，次のように表されます。ここで，D を国内財，IM は輸入された財として定義され，X_{IM} は再輸出額です。

$$C = C_D + C_{IM}$$
$$I = I_D + I_{IM}$$
$$G = G_D + G_{IM}$$
$$X = X_D + X_{IM}$$
$$IM = IM_D + IM_{IM}$$

これらの関係を（8.1）式に代入すると，次の（8.2）式が成立します。

$$Y = (C_D + C_{IM}) + (I_D + I_{IM}) + (G_D + G_{IM}) + (X_D + X_{IM}) - IM \tag{8.2}$$

また，輸入額の内訳としての定義から，次の（8.3）式が成立します。

$$IM = C_{IM} + I_{IM} + G_{IM} + X_{IM} \tag{8.3}$$

この（8.3）式を（8.2）式に代入すると，次の（8.4）式のように国内財の需給均衡式として成立します。

$$Y = C_D + I_D + G_D + X_D \tag{8.4}$$

すなわち，開放体系における生産物市場の均衡条件式とは，（8.4）式の左辺の国内財の生産額・供給額と右辺の国内財の需要額が等しいことを表しているのです。このとき，輸出額 X と輸入額 IM との差額である貿易収支と国内生産物市場均衡とは独立の関係であることが説明されます。

以下では，（8.1）式は国内財の市場均衡条件であることという意味で理解することができます。

1.2 開放体系下のIS曲線

以上の議論から，国内生産物市場の均衡条件を表すIS曲線は，国内生産物市場の均衡条件であると同時に，輸出額と輸入額の差額を表す貿易収支の状態をも反映した曲線であることが，次の(8.5)式のように説明されるのです。

$$Y = C(Y) + I(r) + G + X(Y^*, e) - eM(Y, e) \qquad (8.5)$$

ここで，C_Y は限界消費性向（$0 < C_Y < 1$），M_Y は限界輸入性向（$0 < M_Y < 1$），I_r は（$\sigma_r = \dfrac{rdI}{Idr} = \dfrac{r}{I} I_r$）は投資の利子率弾力性（$I_r < 0$）です。

縦軸に利子率 r，横軸に国民所得水準 Y をとる一般的なIS-LM図表と同様に，開放体系マクロ・モデルの生産物市場の均衡条件は貿易収支を考慮した右下がりのIS曲線として描かれます。

このIS曲線は，積極的財政政策（$\Delta G > 0$）の効果によって右上にシフトすることが説明されます。また，同様に輸出が増大（減少）して貿易収支が黒字化（赤字化）したとき，IS曲線は右上（左下）にシフトすることが説明されます。為替相場の変化に対しては，自国通貨の減価（増価）によって，輸出が増加（減少）し，輸入が減少（増加）した時は，右上（左下）にシフトすることが説明されます。

1.3 貿易収支（経常収支；TB = 0 線）

この経済の一定期間の貿易収支額を T，輸出額を X，輸入額を IM とします。輸出額は海外の輸出相手国の国民所得 Y^* の増加関数であり，邦貨建て為替相場 e の増加関数であるとします。また，輸入額 IM は自国の国民所得水準 Y の増加関数であり，邦貨建て為替相場 e の減少関数であるとします，この経済の一定期間の貿易収支残

高 TB(Trade Balances) は，外貨建て TB^* で表すと，次の (8.6) 式のように定義されます。

$$TB^* = \frac{1}{e} X(Y^*, e) - P^* IM(Y, e) \tag{8.6}$$

1）弾力性アプローチ

邦貨建て為替相場 e の変化に対する貿易収支 TB^* の変化との関係については，次の (8.7) 式のような関係が成立します。

$$\begin{aligned}
\frac{dTB^*}{de} &= -\frac{1}{e^2} X(Y^*, e) + \frac{1}{e}\frac{dX}{de} - P^* \frac{dM}{de} \\
&= -\frac{1}{e^2} X\left(1 - \frac{e}{X}\frac{dX}{de} + \frac{e^2}{X} P^* \frac{dM}{de}\right) \\
&= \frac{1}{e^2} X\left(\frac{e}{X}\frac{dX}{de} - \frac{e}{IM}\frac{dIM}{de} - 1\right) \quad \text{as} \quad \frac{1}{e} X = P^* IM \\
&= \frac{P_X}{e^2} X(\eta_X + \eta_{IM} - 1) > 0 \quad \text{as} \quad \eta_X + \eta_{IM} > 1
\end{aligned} \tag{8.7}$$

ここで，η_X は輸出の価格弾力性 $\left(= \frac{e}{X}\frac{dX}{de}\right)$ であり，η_{IM} は輸入の価格弾力性 $\left(= -\frac{e}{IM}\frac{dIM}{de}\right)$ です。(8.7) 式の関係を「マーシャル＝ラーナー条件」($\eta_X + \eta_{IM} > 1$) と呼び，為替相場の下落（上昇）は貿易収支を黒字化（赤字化）を導くことを説明します。以下ではこの条件が満たされると仮定して分析を進めます。

貿易収支の均衡条件は，一定期間内の輸入額と輸出額が等しいことを意味していますから，貿易収支の均衡条件を導くと，一定の為替相場 $e = e_0$ のもとでの $X(Y^*, e_0) = e_0 M(Y, e_0)$ が成立します。他の条件にして等しい限り，一定の輸出額 (X_0) に対して一定の所

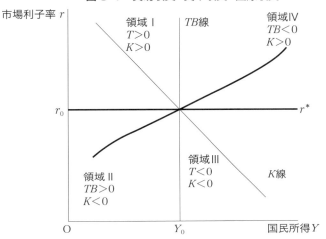

図 8-1　貿易収支・資本収支・国際収支

得水準 Y_0 が決定されます。すなわち，貿易収支均衡線は，**図 8-1** の $T=0$ 線のように横軸の $Y=Y_0$ を通る垂直な直線として描かれます。

2）固定相場制度

　固定相場制度においては，国際間の資本移動は禁じられていましたので，国際収支は貿易収支と同義でした。

　ケインズ経済学の場合は，金本位制度あるいは固定相場制度の時代を反映したマクロ経済学ですから，為替相場は一定の平価を維持するように管理されていましたので，国際市場の均衡条件を利用した国際的な資本移動は存在しませんでした。それ故に，国際収支 $B=0$ 線は貿易収支 $TB=0$ 線と同一になり，垂直線で表されます。このケースを「純粋ケインズケース」とします。

1.4 資本収支（長期資本収支；$K = 0$ 線）

　変動相場制度においては，国際間の資本移動は自由であり，国際収支 B は貿易収支 TB と資本収支 K の合計として定義されます。

　この経済の一定期間の資本収支残高を K（長期資本収支），国内利子率を r，世界利子率を r^* とすると，国際間の資本移動は，国内景気が良くなれば国内への投資が増えるという意味で国民所得水準 Y の増加関数として表されます。利子率の上昇は国内への投資が増大するという意味で，資本収支は国際間の利子率格差（$r-r^*$）の増加関数として表すことができます。以上の想定から，この経済の資本収支の定義式は，国民所得 Y と利子率 r の増加関数として，次の（8.8）式のように表されます。

$$K = K(Y, r-r^*) \quad , \quad K_Y > 0 \quad , \quad K_r > 0 \tag{8.8}$$

　ここで，$K_Y > 0$ は国内の景気の上昇によって海外からの資本流入が促進されることを表しています。また，$r-r^*$ は国際間の利子率格差を示しており，$K_r > 0$ は国内の利子率が上昇し，世界利子率との格差が広がる程度に応じて，海外からの資本がより多く国内に流入することを表しています。

　資本収支の均衡条件式（$K = 0$）は，上の（8.8）式の性質より，下記の（8.9）式が導出され，**図 8-1** の $K = 0$ 線のように，右下がりの直線として表されます。

$$\frac{dr}{dY} = -\frac{K_Y}{K_r} < 0 \tag{8.9}$$

1.5 国際収支——変動相場制度

　この経済の一定期間の国際収支残高（BP）は，貿易収支残高（TB）と資本収支残高（K）の合計として，次の（8.10）式のように定義されます。

$$BP = TB + K$$
$$= X(Y^*, e) - eIM(Y, e) + K(Y, r - r^*) \quad (8.10)$$

図8-1において，領域Ⅰは貿易収支 TB と資本収支 K の両者が黒字である領域です。領域Ⅱは，貿易収支 TB は黒字であり資本収支 K は赤字である領域です。領域Ⅲは貿易収支 T と資本収支 K が両者とも赤字である領域です。領域Ⅳは，貿易収支 T は赤字であり資本収支 K は黒字である領域です。

ここで，国際収支の均衡条件を表す $BP=0$ 線は，貿易収支の均衡条件を表す $TB=0$ 線と資本収支の均衡条件を表す $K=0$ 線の合成から描かれます。すなわち，$BP=0$ 線は貿易収支が黒字（赤字）の場合は資本収支が赤字（黒字）である領域を通ることから，領域Ⅱと領域Ⅳを通る右上がりの曲線として表されることが説明されるのです。

マネタリスト（コラム9参照）の場合は，国際金融市場の経済間の利子率格差を利用した資本移動を前提としていますので，$BP=0$ 線は水平に近い曲線で表されます。このケースを「極端なマネタリストのケース」とします。

一般にケインズ学派の経済学者（ケインジアン）は，国際的な資本移動よりは国内金融市場での利子率に対する反応が大きいと考える傾向にありますので，$BP=0$ 線の傾きは LM 線の傾きよりも大きく想定する場合が多いと考えられます。

また，マネタリストに近い立場にある経済学者は国際的な資本移動のほうが国内金融市場での利子率に対する反応が大きい考える傾向にありますので，$BP=0$ 線の傾きは LM 線の傾きよりも小さく想定する場合が多いと考えられます。

2. 固定相場制度の場合

2.1 貨幣市場の均衡条件と不胎化政策

　オープン・マクロ・モデルにおいては，貨幣市場の均衡条件式については，対外バランスの不均衡によって生ずる外貨の流出・流入が国内の貨幣流通量に影響を与える場合を考慮しなければならないのです。

　外貨流入が国内の貨幣流通量に影響を与えないように，通貨当局が取り組む政策として「不胎化政策」があります。「不胎化政策」とは，通貨当局が短期国債を発行して国際収支の変動から生ずる外貨の流入や流出に対応して，貿易収支が黒字（赤字）の場合は短期国債を発行して外貨を買い（売り），国内の貨幣流通量（供給量）への増加する影響を相殺するための政策であり，「管理為替相場制度」や「固定相場制度」の場合に必要な政策です。

　この「不胎化政策」が有効である場合とは短期的な分析の場合です。長期的な分析においては「不胎化政策」は無効となると考えられます[1]。

　一般に「不胎化政策」が有効である場合には，国内の貨幣供給量 H は対外バランスとは独立に国内の信用創造との関係から政策的に管理され国内の経済政策との関連で一定の水準に維持されるために，閉鎖経済モデル（クローズド・モデル）と同様に次の（8.11）式のよう表されます。

　これは一般的な IS-LM 図表と同様に右上がりの LM 曲線として描かれます。ただし，「ケインズ・トラップ」の状態では水平な直線として描かれます。

$$H = L(Y, r) \quad , \quad L_Y > 0 \quad , \quad L_r < 0 \text{ (or ; } L_r \to \infty) \quad (8.11)$$

---

[1] 「変動相場制度の場合」には「金融の隔離効果」が働くと期待されているのでこの「不胎化政策」は不必要であると考えられます。

「不胎化政策」が実施されない場合（あるいは有効ではない短期の場合）には，国際収支の黒字（赤字）を反映して国内の貨幣供給量が増加（減少）するために，貨幣市場の均衡条件式は，次の(8.12)式のように表されます。

$$H + \delta BP = L(Y, r) \quad , \quad L_Y > 0 \quad , \quad L_r < 0 \quad , \quad 0 < \delta < 1 \tag{8.12}$$

ここで，BP は国際収支の大きさを，δ は不胎化政策の程度を表すパラメーターです。実際の経済においては不胎化政策の政策パラメーターの δ は 0 と 1 の間であると想定することが妥当であると考えられます。すなわち，$\delta = 0$ のときは不胎化政策が完全に有効に機能している状態であり，$\delta = 1$ の場合は不胎化政策が有効ではない場合の状態を表しています。

2.2 固定相場制度の場合のマクロ・モデル

為替相場は $e = e_0$ の値で平価（parity）を政策的に固定しているという意味で「固定相場制度」の場合の国内のマクロ経済均衡と対外収支バランスとの関係は，次の3本の連立方程式体系によって表されます。ここで，経済的に意味のある均衡解の存在については各変数の性質から説明されます。

$$Y = C(Y) + I(r) + G + X(e_0) - e_0 M(Y, e_0) \tag{8.13-1}$$
$$H + \delta BP = L(Y, r) \tag{8.13-2}$$
$$BP = X(e_0) - e_0 M(Y, e_0) + K(Y, r - r^*) \tag{8.13-3}$$

図8-2 は，ケインジアンのケースとマネタリストのケースを同時に表したものです。本来，IS 曲線と LM 曲線の傾きについて両者は別の立場を取るものですが，簡略化のために IS 曲線と LM 曲線については，同一の位置にあり，同一の形状として描かれています。

すなわち，国際収支曲線は，ケインジアン（$BP_K = 0$ 曲線）につ

図 8-2　固定相場制度と財政政策の効果

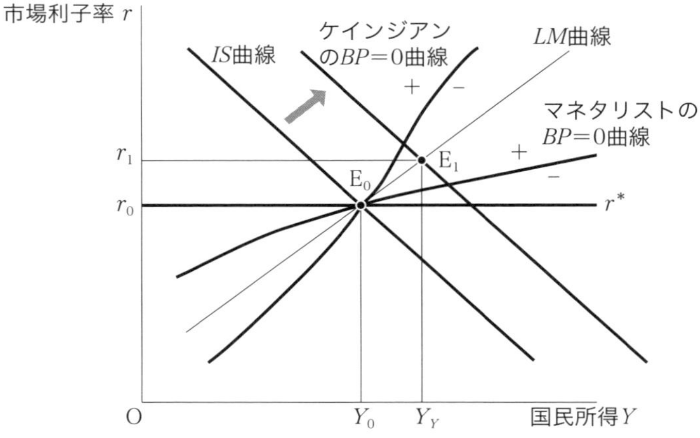

いては，LM 曲線よりも急な傾きとして描いています。また，マネタリスト（$BP_M = 0$ 曲線）については，LM 曲線よりも緩やかな曲線として描いています。

2.3　財政政策の効果

　財政政策によって，IS 曲線は右上にシフトします。マクロ経済均衡点は E_0 から E_1 へ LM 線上を右上に移動しますから，国民所得は Y_0 から Y_1 へ増加し，利子率は r_0 から r_1 へ上昇します。ケインジアンのケースにおいては，新しいマクロ経済均衡点 E_1 は BP 線の下に位置しますから，国際収支は赤字になることが説明されます。

　しかし，マネタリストのケースにおいては，新しいマクロ経済均衡点 E_1 は BP 線の上側に位置するために，国際収支は黒字になることが説明されます。

2.4 金融政策の効果

金融政策の場合は，図8-3のように，LM曲線が右にシフトします。マクロ経済均衡点は E_0 から E_2 へ IS 線上を右下に移動しますから，国民所得は Y_0 から Y_2 へ増加し，利子率は r_0 から r_2 へ低下します。

ケインジアンのケースにおいてもマネタリストのケースにおいても，新しいマクロ経済均衡点 E_2 は $BP_K=0$ 曲線と $BP_M=0$ 曲線の下に位置しますから，国際収支は赤字になることが説明されます。

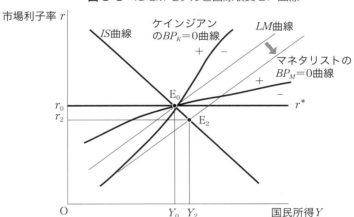

図8-3 IS-LM モデルと国際収支 BP 曲線

3. 変動相場制度の場合

純粋な変動相場制度においては，国際収支の均衡（$BP=0$）が常に実現するように為替相場は調整されると想定されます。それ故に海外との貿易取引や資本取引による対外決済の変化によって国内の信用創出が大きく影響を受けることはないと考えられるために，固

定相場制度の場合のような「不胎化政策」についての議論は不必要になります。

「変動相場制度」の場合の国内のマクロ経済の均衡と対外バランスとの関係は、次の3本の連立方程式体系によって表されます。

$$Y = C(Y) + I(r) + G + X(e) - eM(Y, e) \qquad (8.14\text{-}1)$$
$$H = L(Y, r) \qquad (8.14\text{-}2)$$
$$BP = 0 = X(e) - eM(Y, e) + K(Y, r - r^*) \qquad (8.14\text{-}3)$$

3.1 財政政策の効果

財政政策によって、**図8-4**のようにIS曲線は右上にシフトします。マクロ経済均衡点はLM線上を右上に移動しますから、国民所得は増加し、利子率は上昇します。変動相場制度の場合は、新しい為替相場に合わせて、$BP_K = 0$ 曲線と $BP_M = 0$ 曲線はマクロ経済均衡状態を表す点に移動します。

ケインジアンのケースにおいては、新しいマクロ経済均衡点 E_K は

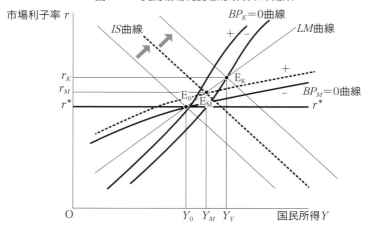

図8-4 変動相場制度と財政政策の効果

元の国際収支均衡状態を表す $BP_K = 0$ 曲線（あるいは，$BP_M = 0$ 曲線）の下に位置しますから，国際収支の赤字を反映して為替相場は下落しています。為替相場の下落に伴って貿易収支は改善され，IS 曲線はさらに右上にシフトして，国民所得は Y_K で決定されることが説明されます。

しかし，マネタリストのケースにおいては，新しいマクロ経済均衡点 E_M は BP 曲線の上側に位置するために，外国為替相場は上昇しています。外国為替相場の上昇を反映して貿易収支は赤字化しているために，IS 曲線はケインジアンのケースよりも少なめに右上にシフトするために，国民所得はケインジアンの場合の Y_K よりも少ない Y_M で決定される（マネタリスト均衡）ことが説明されます。

3.2 金融政策の効果

積極的な金融政策によって，図 8-5 のように LM 曲線は右下にシフトします。新しいマクロ経済均衡点は IS 線上を右下に移動します

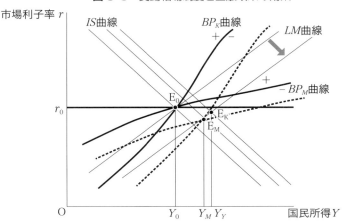

図 8-5 変動相場制度と金融政策の効果

から，国民所得は増加し，利子率は低下します。変動相場制度の場合は，新しい為替相場に合わせて，$BP_K = 0$ 曲線と $BP_M = 0$ 曲線はマクロ経済均衡状態を表す点に移動します。

　ケインジアンのケースにおいてもマネタリストのケースにおいても，新しいマクロ経済均衡点 E_K と E_M は $BP_K = 0$ 曲線（あるいは $BP_M = 0$ 曲線）の下に位置しますから，国際収支の赤字化を反映して為替相場は下落します，為替相場の下落に伴って貿易収支は改善され，IS 曲線は右上にシフトします。このとき，ケインジアンのケースのほうが為替の下落幅は大きいと考えられますので，IS 曲線の上方へのシフトはケインジアンの場合のほうが大きいと考えられますので，国民所得は $Y_K > Y_M$ で決定されることが説明されます。

〔コラム 8　ケインズの有効需要の大きさは，国民を養う能力〕

　J.M. ケインズは，『一般理論』[2] において，有効需要の大きさは，「総供給関数と総需要関数の交点における総需要の大きさ」として定義しています[3]。ここで，有効需要の大きさで決定される総供給額 Z は，P を物価水準，Q を国内の付加価値生産額，W を賃金財価格とすると，$Z = PQ/W$ として定義されます。

　すなわち，国内総生産額 GDP（＝ $P \times Q$）が 500 兆円 / 年として，一世帯が 1 年間に生活するために必要な所得を賃金財価格 W として 500 万円 / 年としますと[4]，1 億世帯（＝ 500 兆円 / 年 ÷ 500 万円 / 世帯・年）が生活できる水準ということになります。

　しかし，実際の経済においては，社会資本や企業の減価償却に対応する再投資のための費用が毎年 200 兆円 / 年くらい必要ですので，残りの 300 兆円 / 年が国民が毎年生活するために必要な費用ということになります。すなわち，6 千万世帯 / 年（＝ 300 兆円 / 年 ÷ 500 万円 / 年）の生活ができる水準ということになります。日本の 1 家族の平均人数を 2.5 人としますと[5]，1 億 5 千万人が生活できる国民所得水準ということになります。

　実際に日本経済の消費総額は 1 年間に 300 兆円程度ですが，日本の人口は 1 億 3 千万程度です。もちろん外国人労働者も多数日本国内で生活していますが，1 億 54 万人もの人口ではありません。これは，高額所得の世帯がより多くの消費を行っていることを説明しています。すなわち，2 千万人分の所得格差の存在を説明しています。

　以上の説明からおわかりのように日本の GDP が 1 年間に 500 兆円，すなわち，日本経済の国内総生産額（＝総需要）の大きさが 500 兆円 / 年ということは，日本の国民が昨日と同じ水準の生活を今日も行い，今日と同じ水準の生活を明日も行うために必要な費用が 500 兆円 / 年であるということを説明しているのです。有効需要の大きさとは，日本国民が平均的に幸せに生活するために必要な経済全体の総費用総額が国内総所得を決定するという理論なのです。

2　『雇用・利子および貨幣の一般理論』塩野谷祐一訳・ケインズ全集 第 7 巻，東洋経済新報社，1983 年。
3　両関数の交点における値ならば，わざわざ需要関数の値であると説明する必要はないのですが，ケインズはわざわざそのように説明しています。これは，総供給関数について別の問題を提議していますが，ここの議論としては省略します。
4　平成 27 年度のデータで，全国平均の平均所得では 420 万円程度です。これは，非正規社員が全就業者数の 3 分の 1 程度いることが問題なのです。東京都だけの平均年収になると，600 万程度（平均年齢が 40 歳）です。
5　厚生労働省の平成 27 年（2015 年）版の「国民生活基礎調査の概況」（2016 年 7 月 12 日）では日本の 1 世帯当たりの平均家族数は 2.49 です。

第9章 マンデル゠フレミング・モデルと財政金融政策の有効性

　開放体系下の IS-LM・モデルについての国際間の資本移動を考慮した極端なケースとして「マンデル゠フレミング・モデル」を用いて，固定相場制度と変動相場制度における財政政策・金融政策の有効性について説明します。

　新古典派経済学の開放体系下の IS-LM モデルにおいては，国際間の資本移動は内外の景気の変動（Y, Y^*）や利子率格差（r, r^*）によって生ずることを前提にしながらも，国際間の金利格差は存続し，通貨当局による金融政策は国際経済において独立的に主体性をもって行うことができると想定されてきました。

　しかし，「マンデル゠フレミング・モデル」においては，国際間の資本移動は国際間の利子率格差（$r-r^*$）に対して「完全に弾力的」に生ずると仮定されます。そのため，固定相場制度においては「不胎化政策」を持続的に行うことは困難であり，外貨準備とそれ故に国内通貨供給量も内生変数となるのです。このとき国際収支の均衡条件を表す BP 曲線は水平に描かれると想定されます。

　ここで，国際間の資本移動は利子率格差に大きく依存するため国内の利子率（r）が世界利子率（r^*）よりも高いとき（$r>r^*$）には，資本は海外から国内に国際間の利子率格差がゼロになるところまで流入すると想定されます。また，国内の利子率が世界利子率よりも低いとき（$r<r^*$）には，資本は国内から海外へ国際間の利子率格差がゼロになるところまで流出すると想定されるのです。

1. 固定相場制度における財政・金融政策の効果

1.1 財政政策の有効性

当初，国内均衡利子率 r_0 は海外の利子率 r^* と等しいと想定します。

図9-1において，拡張的な財政政策によってIS曲線は右上方にシフトするため，国民所得水準は Y_0 から Y_1 へと上昇し，国内の市場利子率は r_0 から r_1 へ上昇します。その結果，国内の市場利子率が海外の市場利子率よりも高くなること（$r_1 > r^*$）から，海外から資本が流入し，資本収支は黒字になります。

固定相場制度の場合は，不胎化政策が有効に採用される限り，この資本収支の黒字の状態が続くことになります。しかし，不胎化政策の続行はやがて困難となり，資本収支の黒字を反映して国内の貨幣供給量は増大し，LM曲線は右方にシフトするのです。

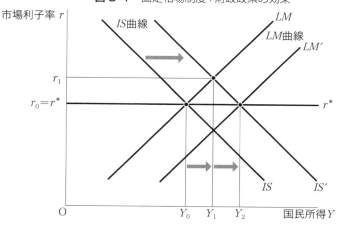

図 9-1　固定相場制度：財政政策の効果

このような資本収支の黒字とそれを反映した国内貨幣供給量の増加は、国内の市場利子率と国際間の利子率格差がなくなるまで続くために、財政政策による IS 曲線の右へのシフトに対応して、国際収支の黒字を反映して、LM 曲線も貨幣供給量の増加を反映して右にシフトすることになるのです。その結果、国民所得水準は Y_1 から Y_2 へとさらに上昇し、市場利子率は海外の利子率と等しい水準となります。

すなわち、「固定相場制度において、財政政策は有効である」という結論を得るのです。

1.2 金融政策の無効性

当初、国内均衡利子率 r は海外の利子率 $r^*(=r_0)$ と等しいと想定します。

図 9-2 において、金融緩和政策の場合には、国内貨幣供給量が増加する結果、LM 曲線を右方にシフトさせます。このために国内市

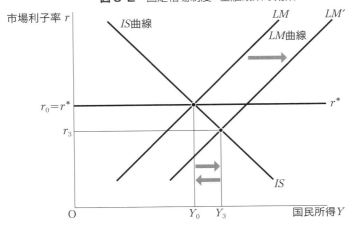

図 9-2 固定相場制度：金融政策の効果

場利子率はr_0からr_3へと下落し，海外の利子率よりも低くなります（$r_3 < r^*$）。この結果，海外に資本が流出して，資本収支は赤字となり，国民所得水準はY_0からY_3へと上昇します。

　固定相場制度においては，資本収支の赤字を反映して国内の貨幣供給量は，やがて減少します。LM曲線は貨幣供給量を増加させる政策とは逆に減少するためにLM曲線は左方に戻るようにシフトすることになるのです。このような貨幣供給量の減少と資本収支の赤字は，国際間の利子率格差がなくなるまで続くのです。

　以上のようなLM両曲線のシフトと元の均衡点へ戻ることによる結果として，「固定相場制度においては，金融政策は無効」であるという結論が得られるのです。

2. 変動相場制度における財政・金融政策の効果

2.1 財政政策の無効性

　当初，国内均衡利子率r_0は海外の利子率r^*と等しいと想定します。

　図9-3において，拡張的な財政政策はIS曲線を右上方にシフトさせます。このため，国内の市場利子率はr_0からr_4へ上昇し，海外の利子率よりも高くなります（$r_4 > r^*$）。その結果，海外からの資本流入が生じて資本収支は黒字となり，国民所得水準はY_0からY_4へと上昇します。

　変動相場制度の場合においては，資本収支の黒字を反映して為替相場は上昇するために，輸入が増大し，輸出が減少することによって貿易収支は赤字となります。このようにして，貿易収支の赤字額と資本収支の黒字額とが同じ大きさになるまで，為替相場は上昇するのです。

　このような貿易収支の赤字化を反映して，総需要を減少するため

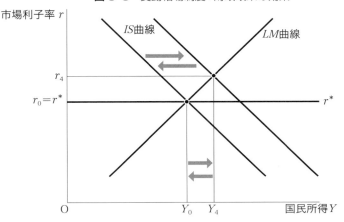

図 9-3 変動相場制度：財政政策の効果

に，IS曲線は拡張的な財政政策にもかかわらず左下方にシフトし，やがてもとの位置に戻ることになるのです。このようなIS曲線のシフトと元の均衡点へ戻る力は国際間の利子率格差がなくなるまで続き，変動相場制度においては「財政政策は無効である」という結論を得るのです。

2.2 金融政策の有効性

当初，国内均衡利子率r_0は海外の利子率r^*と等しいと想定します。

図9-4において，金融緩和政策の場合においては，国内貨幣供給量が増大し，LM曲線は右方にシフトします。国内市場利子率はr_0からr_5へ下落し，海外の市場利子率よりも低くなります（$r_5 < r^*$）。その結果，資本収支は赤字となり，国民所得水準はY_0からY_5へと上昇します。このため為替相場は下落し，輸出は増加し，輸入は減少するために，貿易収支は黒字となります。貿易収支の黒字額は資本収支の赤字額と同じ大きさになるまで為替相場は下落します。

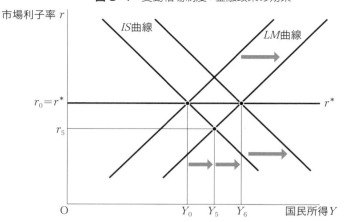

図9-4 変動相場制度：金融政策の効果

このような貿易収支の黒字化によって、IS曲線は右上方にシフトし、国民所得水準はさらに上昇します。このような両曲線のシフトは利子率格差がなくなるまで続き、国民所得水準は Y_5 から Y_6 へとさらに上昇するのです。

以上の説明から、変動相場制度において「金融政策は有効である」という結論を得るのです。

3. マンデル゠フレミング・モデルの要約

以上の説明から、マンデル゠フレミング・モデルによる財政・金融政策の効果について次のようにまとめることができます（**表9-1**）。

すなわち、「固定相場制度」においては、「財政政策は有効」であり、「金融政策は無効」であることが説明されるのです。

また、「変動相場制度」においては、「財政政策は無効」であり、「金融政策は有効」であることが説明されるのです。

表 9-1　財政金融政策の有効性

	財政政策	金融政策
固定相場制度	有効	無効
変動相場制度	無効	有効

国際資本移動の非現実性

　マネタリスト経済学者の一人が，R. マンデル（1932-　）です。IMF に勤務したマンデルが説明するこのマンデル゠フレミング・モデル（ロバート・マンデルと J.M. フレミング（1911-1976））は国際金融問題を分析するためには直感的には興味深いマクロ経済学の分析手段に見えます。

　しかし，実際の世界経済において，国際的な資本移動によって利子率格差が是正される傾向はありません。なぜならば，基軸通貨国と非基軸通貨国とでは，貨幣供給量と利子率に対する反応は異なっています。国際収支の問題と国内経済の好況・不況の問題が同じではないからです。

　変動相場制度においては，国家間の利子率格差を反映して，外国為替相場の直先スプレッドが決定されるために，利子率の均一化は生じないことが説明されるのです。

　また，固定相場制度において国際資本移動が利子率格差で動くという仮定は，歴史的にはありえない仮定です。なぜならば，我々が経験した戦後の固定相場制度とは資本移動を禁止して，平価を守ることが制度の前提であったからです。

　そして，変動相場制度においても，管理相場制度というのが実態であるからです。

〔コラム9　ケインジアン対マネタリスト〕

　ケインジアンと呼ばれる人々の経済学は，モノづくりが前提の経済であり，生産物市場に影響を与える政府指導の財政政策が経済運営の中心であるべきであるという意味で，実物経済型の経済学です。基本的に国内経済，特に産業経済重視型の経済学なのです。

　これに対して，マネタリストと呼ばれる人々の経済学は，ケインジアンが重視する消費関数よりは，貨幣需要関数のほうが安定的であり，貨幣供給量政策こそがマクロ経済政策において重要であるという考え方の経済学です。マネーは，国内経済だけではなく，国際経済においても重要な役割を果たすと考えられています。しかし，ケインズはこのような製造業軽視，マネーゲーム重視の考え方は，経済の「虚業化」をもたらすとして懸念していたのです。

　マネタリストが否定するケインズの消費関数はフロー量の所得とフロー量の消費の関係を表す消費関数ですが，マネタリストの創始者であるフリードマン（Milton Friedman；1912-2006）が説明する恒常所得仮説に基づく消費関数は期待所得としての恒常所得と耐久消費財というストックの所有から発生する年々の消費額を計算から導出して入れるというストック量との関係としての消費関数なのです。

　すなわち，ストック経済における経済活動はマネーのストック量の動きで決定されるのであり，消費される消費財は一般的な単用消費財であろうと耐久消費財であろうと，あるいはサービスであろうと，区別することには意味がなく，しかも，それらの財が自国で生産されていても，海外で生産されていても，問題ではないという議論が背景にあるのです。すなわち，グローバリズム社会を前提としたような経済学になっていたのです。そこでは，食の安全や使用農薬の規制や国民の健康に対する注意は世界標準という名目のもとで，無意味化される傾向があるのです。

あとがき

　今日の主流派経済学である現代マクロ経済学は，市場原理の有効性に疑問を投げかけた「ケインズ革命」によって形成されました。すなわち，J.M. ケインズは，定常状態において有効需要が不足すること，すなわち，「市場の失敗」を説明しました。「ケインズ経済学」は資本主義経済における「市場の失敗」を指摘したという意味で経済学の革命でした。これはケインズの言う「古典派経済学」への批判であり，今日の新古典派経済学に対する批判でもあります。すなわち，「市場原理の有効性」に対する経済学の革命でありました。

　それにもかかわらず，戦後の西側先進工業諸国の経済成長と経済発展の成果を背景として，ケインズ経済学は新古典派綜合として「新しい経済学」の中に取込まれてしまったのです。そこには市場の有効性を前提としたワルラス経済学的なマクロ・モデルの中に労働市場だけが取り残されるか，有効需要の理論が付加的に備えられた経済学となったのです。

　このケインズ革命を前提とし，あらためて国際経済学を考えるとき，自由貿易論の基本的な考え方である「市場原理」には大きな矛盾が残っていることがわかります。それは自由貿易の理想は果たして既存のミクロ経済学の手法によって実現できるのかという課題を提供しているのです。

　また，マクロ経済学の応用版としての「国際収支論・国際金融論」においては，各国は貿易収支の黒字と資本収支による対外債権の増大を目的とした経済活動を行っており，国際収支の均衡は実現するはずもない世界的な虚構となっています。

　「外部経済性の存在」や「公共財の存在」，「規模に関して収穫逓増（規模に関して費用逓減）」が，世界経済の市場均衡への達成を失敗させるとき，世界貿易と資本移動に関する条約と国際機関は，「市場原理の有効性」を保ち，各国の「有効需要を保つ」ための役割を

実現できるのでしょうか。また，ある特定の国の通貨が基軸通貨として国際決済業務の中心に存在するとき，世界経済の均衡状態が実現するという保証が得られるのでしょうか。

このような問題を解決するためには，「ケインズ経済学」を「市場の失敗」を説明する「有効需要の理論」として再認識し，新古典派経済学としての一般均衡状態ではない別の均衡（＝ケインズ均衡）に向かって世界経済は収斂しようとする過程として説明する経済学が必要なのです。

すなわち，各国が国内経済と対外経済との矛盾のないケインズ的経済学の再構築が必要なのです。

この『テキスト国際経済学』が新しい国際経済学を構築するための基礎的な知識を提供することを希望しています。

最後に，本書の執筆にあたっては，同文舘出版の青柳裕之氏に企画から校正，発行に至るまで大変お世話になりました。記して感謝申し上げます。

平成29年9月1日

著　者

索　引

英　数

floating exchange rate system ……… 88
IBRD ……………………………………… 85
IMF ………………………………………… 85
IMF 体制 ………………………………… 85
infant industry ………………………… 78
international trade …………………… 49
parity …………………………………… 85
terms of trade ………………………… 49

あ　行

一物一価の法則 ………………………… 47

円高／ドル安 …………………………… 90
円安／ドル高 …………………………… 89

オープン・マクロ・モデル ……… 93, 109
オッファー・カーブ ………………… 21, 41
オリーン（B. G.）……………………… 28

か　行

外国為替 ………………………………… 83
開放体系マクロ・モデル
　（オープン・マクロ・モデル）…… 109
価格消費曲線 …………………………… 20
価値尺度財 ……………………………… 29
完全競争の仮定 ………………………… 69

基軸通貨 ………………………………… 85
規模の経済性 …………………………… 81
均衡交易条件 …………………………… 25

ケインジアン・クロス
　（45 度線の理論）……………………… 95

ケインズ，J. M. ………………………… 93
ケインズの財政乗数 …………………… 98

交易条件 …………………………… 19, 50
交易条件の悪化・不利化 ……………… 51
交換可能（兌換）……………………… 85
交換比率（相対価格）………………… 5
国際通貨（基軸通貨）………………… 85
国際通貨基金（IMF）………………… 85
国際復興開発銀行（IBRD）………… 85
国際貿易（international trade）…… 49
国際貿易理論 …………………………… 3
固定相場制度 ………………… 104, 113, 117

さ　行

サミュエルソン（P. A.）……………… 93

失業の輸出 ……………………………… 107
資本豊富国 ……………………………… 37
社会的無差別曲線 ……………………… 18
従価税 …………………………………… 68
重量税 …………………………………… 68
純粋交換 ………………………………… 17
小国の仮定 ………………………… 64, 69
諸国民の富 ……………………………… 1
所与の交易条件（terms of trade）… 49

水平貿易 ………………………………… 81
スミス，アダム ………………………… 1, 47

製品の差別化 …………………………… 81
絶対優位の理論 ………………………… 61

相対価格 ………………………………… 5
租税乗数 ………………………………… 98

た 行

兌換 ……………………………………… 85

賃金率格差 ……………………………… 13

定額税の場合の租税乗数 ……………… 103

な 行

ニューメレール（価値尺度財）………… 29

は 行

ハンセン，アルヴィン ………………… 93

比較生産費説の理論 ……………………… 3
ヒックス，J. R. ………………………… 93
ヒックス=ハンセン流の
　新古典派マクロ経済学 ……………… 94
必要労働投入量 …………………………… 5
非貿易財 ………………………………… 56

不胎化政策 ……………………… 106, 116

平価（parity）…………………………… 85
ヘクシャー（E. F.）…………………… 28
ヘクシャー=オリーンの定理
　………………………………… 28, 35, 41
変動相場制 ……………………………… 88

貿易乗数 …………………………… 98, 105
貿易利益 …………………………………… 6
貿易利益率 ………………………………… 7

ま 行

マーシャル=ラーナー条件 …………… 112
マンデル=フレミング・モデル ……… 125

や 行

輸出による貿易利益 ……………… 71, 73
輸出補助金 ……………………………… 76
輸送費用 ………………………………… 52
輸入財 …………………………………… 63
輸入財市場 ……………………………… 63

幼稚産業 ………………………………… 78
幼稚産業保護論 ………………………… 78

ら 行

リカード，D. …………………………… 3
リカードの『経済学及び課税の原理』… 3
利子率格差 ……………………………… 13

レオンチェフ・パラドックス ………… 41

労働豊富国 ……………………………… 36

わ 行

割当関税 ………………………………… 70
ワルラス的価格調整メカニズム ……… 24

【著者紹介】

大矢野　栄次（おおやの・えいじ）

- 1950 年　愛媛県生まれ
- 1974 年　中央大学経済学部卒業
- 1977 年　中央大学大学院経済学研究科修士課程修了
- 1982 年　東京大学大学院経済学研究科博士課程修了
- 現　在　久留米大学経済学部教授

〈著　書〉

『安売り卵の経済学』（同文舘出版，1986 年）
『現代経済学入門』（同文舘出版，1989 年）
『オープン・マクロ経済学』（共著，同文舘出版，1998 年）
『新訂版　国際貿易の理論』（同文舘出版，2011 年）
『ケインズとマクロ経済学』（同文舘出版，2013 年）　ほか

平成 29 年 9 月 30 日　初版発行　　　　　　　　　略称：大矢野国際

テキスト国際経済学

著　者 © 大矢野　栄次
発行者　中　島　治　久

発行所　同 文 舘 出 版 株 式 会 社
東京都千代田区神田神保町 1-41　〒 101-0051
営業（03）3294-1801　　編集（03）3294-1803
振替 00100-8-42935　http://www.dobunkan.co.jp

Printed in Japan 2017　　　　　DTP：マーリンクレイン
　　　　　　　　　　　　　　　印刷・製本：萩原印刷

ISBN978-4-495-44271-2

JCOPY 〈出版者著作権管理機構　委託出版物〉
本書の無断複製は著作権法上での例外を除き禁じられています。複製される場合は，そのつど事前に，出版者著作権管理機構（電話 03-3513-6969，FAX 03-3513-6979，e-mail: info@jcopy.or.jp）の許諾を得てください。